阅读成就思想……

Read to Achieve

黄金投资
新手入门

[美]约翰·杰格森
（John Jagerson）
[美]S. 韦德·汉森◎著
（S. Wade Hansen）
刘飏◎译

All About Investing in
Gold
The Easy Way to Get Started

中国人民大学出版社
·北京·

图书在版编目（CIP）数据

黄金投资新手入门 /（美）约翰·杰格森
(John Jagerson)，（美）S. 韦德·汉森
(S. Wade Hansen) 著；刘飏译. -- 北京：中国人民大
学出版社，2024.4
　书名原文：All About Investing in Gold:The Easy
Way to Get Started
　ISBN 978-7-300-32616-0

　Ⅰ. ①黄… Ⅱ. ①约… ②S… ③刘… Ⅲ. ①黄金市
场－投资－基本知识 Ⅳ. ①F830.94

中国国家版本馆CIP数据核字(2024)第056131号

黄金投资新手入门

[美] 约翰·杰格森（John Jagerson）　　著
　　　S. 韦德·汉森（S. Wade Hansen）

刘　飏　译

HUANGJIN TOUZI XINSHOU RUMEN

出版发行	中国人民大学出版社		
社　　址	北京中关村大街 31 号	**邮政编码**	100080
电　　话	010-62511242（总编室）		010-62511770（质管部）
	010-82501766（邮购部）		010-62514148（门市部）
	010-62515195（发行公司）		010-62515275（盗版举报）
网　　址	http://www.crup.com.cn		
经　　销	新华书店		
印　　刷	天津中印联印务有限公司		
开　　本	720 mm×1000 mm　1/16	**版　次**	2024 年 4 月第 1 版
印　　张	16　插页 1	**印　次**	2024 年 4 月第 1 次印刷
字　　数	170 000	**定　价**	79.80 元

译者序

　　翻译本书的过程中我始终有两种情结：一是怀疑，《黄金投资新手入门》成书已有一段时间，而近些年，全球经济和各国的金融市场监管体制都已经发生了翻天覆地的变化，这本书还能跟得上时代的步伐吗？二是敬畏，作为中国 A 股市场的投资人，交易是我的日常工作。但"不识庐山真面目，只缘身在此山中"，作为金融市场中一种重要的投资标的，黄金以及黄金市场于我而言，貌似一个可以"信手拈来"，但又始终"无意触碰"的"禁区"。何不借此译书之机好好学习一下，以备不时之需呢？

　　行文逻辑上，本书由两个核心架构组成：黄金市场的基础知识和黄金交易策略。作者先从黄金发展史、市场参与主体、基本面分析框架和交易标的范围入手，为我们勾勒出了黄金市场和交易环境的全貌。应该说，这部分分析了黄金作为一种金融交易标的所特有的特征。随后作者步步深入，基于动态过程介绍和剖析了黄金市场上的金融交易工具和基本交易策略，甚至手把手地模拟了整个交易过程，并在谈笑风生间将关于期货、期权和各种组合策略的知识融会贯通，一气呵成。从更广义的角度讲，第二部分的策略和工具在金融市场上是具有普适性的，适用于所有的标准化金融产品，因为说到底，投资标的其实只是价格本身。在收尾阶段，作者特意增加了有关仓位控制的讨论，这是一个非常重要却极易被投资者忽视的问题，甚至很多相关著作中都甚少述及。此外，作者还用几个简单的案例结合理论分析并提炼了风险控制在整体交易框架下的核心要义。

纵观全书，两位作者用最简洁的语言和最高效的方式为我们梳理和阐述了黄金市场和黄金交易的方方面面，其中一些内容给我留下了很深的印象。

首先，黄金作为价值贮藏工具和风险对冲工具，在历史上都是以通货膨胀"斗士"的形象出现的。这就意味着在经济稳定增长和全球化的今天，黄金价值的增长率或者其投资收益率大概率无法与债券和股票等投资标的一较高下。但事实和历史数据告诉我们，通过有效的资产配置和实施合理的交易策略，黄金不仅应该可以像我们想象中的那样抵御风险、熨平投资组合的波动率，还可能有极具吸引力的收益表现。

其次，作为本书讨论的逻辑起点，作者特意强调永远不要以猜测市场走势作为投资和交易的起点。我们只是市场中的一分子和基础参与者，而金融投资永远无法绕开主观因素的影响，并在很大程度上依赖自主演绎与个人的偏好和入市目标，无论是基于基本面分析的交易，还是基于技术分析的交易都是如此。想要在交易中取得成功，认识到这一点是至关重要的。关于灵活性，作者在文中曾不止一次地重复着"保持交易灵活性"的表述，却又貌似没有说透。这当然可以理解，毕竟这不是本书的焦点，但我想说得再通透些："原则""戒律""法则"对于金融交易而言固然重要，遵守纪律是对抗风险和市场不确定性的保障，但没有人可以永远战胜市场，金融交易就是在与不确定性打交道，也就是说，金融市场上不可能存在一劳永逸、永葆战力的投资技法。切实观察价格波动并基于此采取行动，远远比笃信某种特定的套路、模型和手段更有意义。投资表面上看是个技术活，但其实是个体力活。

作为最古老的金融投资标的，黄金绝对是见过世面的：平凡与动荡，繁荣、衰退及恐慌，稳定、战争、制度更迭和新经济模式的崛起。在漫长的人类经济长河中，黄金起起落落，时而令人们趋之若鹜，时而又被人们冷眼旁观，但在金融舞台上，它从未失去自己的阵地和传承，足见其张力。你可以不涉足这个市场，但绝不能忽视它的意义。即使你现在没有投资黄金的打算，未来也不准备为黄金及相关投资标的在你的资产配置和投资组合中预留空间，对这位古老又陌生的"朋友"做一些基础的了解并储备一定的知识，对更好地理解我们这个时代经济的演进过程和金融市场的发展都是有意义的。

我认为，一部好的著作要具备两个层面的特质：技术属性，即能为读者提供认知事物的可读性和实践操作的便利性；意识属性，即能帮助读者消除潜意识中的认知错觉和人云亦云的价值偏见。技术性的东西虽然可以相对较快地在实践中获得，但理念上的更新和突破往往要花费很长的时间且因人而异。作为行业内的顶级专家，约翰·杰格森和 S. 韦德·汉森将上述两个特质有效地整合在一起，并体现于本书中。我相信这些内容一定能够为你带来切实的帮助和启发。当然更重要的是，一部好的著作还应该能经得起时间的考验，本书在当下——黄金炙手可热时显得更加熠熠生辉。能翻译这样一本书是我的荣幸。

刘 飏

前言

黄金交易与投资的难度和成本都已大幅降低，这对长期投资者以及寻求新投资标的和多元化投资组合的短线交易者来说是个好消息。在美国，黄金投资的非杠杆效应收益曾超过200%，俨然已经成了表现最优异的主要资产类别，而且这一态势持续了多年。可以说，黄金是一种前所未有的兼具成本优势和高效性的投资标的。如今，虽然投资实物黄金的费率已经低至每年0.25%，创新型产品亦层出不穷，但投资者在投资之前依然要保持谨慎和敬畏之心，并储备一定的相关专业知识。

随着黄金 ETF、黄金期货迷你合约和合法的黄金存储服务的出现和发展，那些曾经在黄金市场中占主导地位的异常昂贵且不确定性高的传统产品被迅速取代。在不同的市场，黄金的投资需求正在持续增长：在美国，投资者试图通过购买黄金，保护自己不受金融市场动荡的影响；在中国，黄金投资者的黄金购买量在持续增长。2010 年第三季度，中国投资者对黄金的需求达到了 45.1 吨，创下了新的季度纪录[1]，而且其当季的黄金购买量占全球黄金总需求的 16%。

---

[1] 数据来源：世界黄金协会（World Gold Council，WGC）。

2005—2010 年这五年间，投资美股大盘股的收益率低于 5%，投资风险更高一些的小盘股的收益率低于 25%，投资者即使赶上了美国国债基金难得的牛市，并且找准了时机，也只有 10% 的收益。但别着急下结论，上述数字可不是年化收益率，而是这五年来的总收益水平。作为一位投资者，你可能非常清楚很多资产在过去 5 年、10 年甚至 15 年中的糟糕表现，同时对传统的投资选择大不如前表示认可。而敏锐的投资者正在考虑将黄金投资作为一种限制账户波动和提高收益的新方法。

股票投资者的收益为市场波动所累。截至 2010 年底，标准普尔 500 指数在过去 10 年净损失为 10%，而同期黄金的价格上涨超过了 400%。如果你过去只专注于股票投资，那么我们将告诉你在保持你的交易账户简单、好操作的前提下，如何将黄金纳入你的投资组合中。但是在黄金市场中，你依旧需要保持谨慎，切忌变成逐利者。我们将向你展示如何在不承担太多风险的情况下平衡新的黄金头寸，以获得最大收益。

我们认为，黄金价格的长期和大幅上涨是黄金市场发展的基础。在本书中，我们会阐述我们看好黄金市场的原因，并就如何将黄金作为一种投资标的提出具体的行动建议。尽管如此，作为现实主义者，我们也清楚地知道黄金市场充斥着肥尾风险①，这种风险几乎无法预测，很可能在毫无预警的情况下改变市场的基本面要素。为此，黄金投资者应该随时准备好面对出现的变化，我们将教你应对之法，即使在黄金价格没有如预期上涨的情况下，你也能获利。正如经济学家约翰·梅纳德·凯恩斯（John Maynard Keynes）所

---

① 又称肥尾效应，表示统计学上两个极端值可能出现的风险。通常用来形容极端的、不寻常的事件或情况的出现。——译者注

写的那样，"即使你和我都破产了，市场的非理性状态还会持续下去"。所以当你可以挣到钱的时候，何必还要纠结于过时或错误的分析方法呢？

我们是谁

我们是 LearningMarkets 网站（LearningMarkets.com）的创始人和分析师。我们创建这个网站的初衷是，我们发现在金融行业的培训方面存在着明显的认知鸿沟，但脚踏实地、坦诚又不失谨慎地付诸行动是可以解决这个问题的。这也正是我们希望通过本书向黄金投资新手传递的信息。

多年来，我们曾与很多来自黄金、外汇、股票和期权市场的个人投资者打过交道。在与他们的交谈中，我们惊讶地发现要想避免最常见的交易错误其实很容易，但很少有投资者意识到这一点。尤其是当某些特定市场（如黄金市场）非常火爆时，这些问题往往会变得更严重。当下，人们对于黄金市场的疑问与 1999 年对股票市场、2006 年对房地产市场的疑问没什么实质区别，得到的答案也大同小异。执着的投资者懂得避开陷阱，并严格执行操作方法，专注于降低交易成本和账户的波动性，他们才是最大的赢家。我们的使命是将这种方法推广至黄金市场，对此我们非常有信心。

我们有作为个人投资者和专业投资者的亲身经验，深知抛开情感因素做出交易决策是什么感受。我们做过经纪人，也做过专业投资顾问，见证了很多投资者在黄金市场中赚得盆满钵满。他们盈利的技巧并不是什么秘密，我们将告诉你他们是如何做到的以及为什么这样做。

怎样阅读这本书

　　要想让读者真正从你的书中受益，就必须先了解你的读者。由于每天都要在我们的网站 www.LearningMarkets.com 上与读者交流，因此我们在这方面有着天然的优势。我们知道，虽然我们的读者有不同的投资经验，但是他们都有相同的长期目标。在写这本书的过程中，我们将牢记这一点，既要为新手提供必需的基础知识，也要为想在黄金市场上采用一些新策略的老手提供更多具体且有效的建议。你可以将这本书当作投资决策的参考书。当然，如果你已经具备了一定的基础知识，你也可以有选择地阅读。

　　例如，如果你和我们一样，经常做期权或者 ETF 投资，那么你可以先从我们为长期或者短期投资者提供的几个期权策略建议读起，然后再回过头来阅读关于产品的章节，以进一步了解我们为什么认为某些黄金 ETF 和股票期权也是可行的投资选择。如果你是投资新手，且愿意付出努力，那么我们建议你从头读起，一步一个脚印，在实践中逐渐学会如何运用本书中的内容。我们也会为你推荐一些工具，并提供一些使用建议，帮助你在零风险的情况下积累一些交易经验。无论你是老手还是新手，我们都真诚地期待在 www.LearningMarkets.com 上与你讨论和分享。在那里，我们每天都会提供关于黄金、股票和外汇市场的（完全免费的）视频和评论。

你将从本书中学到什么

　　黄金投资一直是最热门的话题之一，因此市场上满是与这个话题相关的，甚至承诺帮助你在交易中获利的书籍、视频和其他教育产品也就不稀奇了。我们也购买并且阅读了很多关于黄金的书籍，其中有一些书籍写得确实很不错，但其他大部分就不敢恭维了。最糟糕的关于黄金的书籍和教育产品无非两种：要么是长达 300 多页的对货币主义者、中央银行制度、财政赤字开支和全球阴谋论的批判，要么只提供一些模糊的策略，告诉你只要成为主动的黄金交易者或投资者就能一夜暴富。

末日预言家们认为，中央银行制度和法定货币将导致西方文明的终结。即使他们一语中的，也可能有失偏颇。我们要做的是弥合认知鸿沟，为有意涉足黄金市场的专业投资者和个人投资者提供一个起步的平台。获得黄金市场风险敞口的方法多种多样，孰优孰劣取决于投资者的目标。我们会挖掘不同产品和策略间的细微差异，以帮助你搭建适合你自己的投资计划和黄金投资产品组合。

我们自诩为投资怀疑论者，这意味着当一位分析师越是对他的预测有信心时，我们就越是对其表示怀疑。无论是对联邦储备委员会成员，还是对线上黄金销售团队和基金经理，我们都持同样的态度。从我们的经验来看，当一位分析师对市场（无论是黄金市场还是其他市场）的走势越有信心，那么他就越有可能是在推销某种产品，无论这种"产品"是金条，还是新一轮量化宽松的政治支持。保持怀疑的态度会让你在投资过程中少走弯路。这就是说，虽然我们在未来一段时间内对黄金价格持看涨态度，但我们也知道这种预测可能是错的。通常，我们会将市场中的某些分析师称为坏掉的钟表，因为他们年复一年地说着同样的话。虽然我们可以等待很久，直到他们的预测被证明是正确的，但问题是你能一直承受住市场的波动吗？

　　20 世纪 80 年代到 90 年代的 20 年间，黄金牛市一直处于平稳状态。如果在这个阶段，黄金是我们唯一的投资品类，那么面对低迷的趋势，我们不太可能一直持看涨态度。而历史总是惊人的相似，类似的情况很可能会再次出现。更令人不安的是，人们认为黄金可能会步入漫漫熊途。如果你的分析被证明是错误的，而且你尚未做好准备，那么你可能将错失 20 年的收益，并承担相应的机会成本。图 I–1 展示了黄金价格在 1980—2005 年的 25 年间的长期平稳走势。尽管耐心最终有所回报，但许多小投资者为了避免看似永无止境的价值侵蚀而离开了市场。

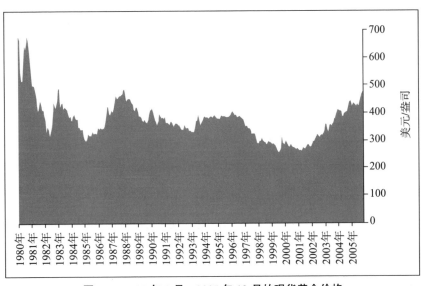

图 I–1　1980 年 1 月—2005 年 12 月的现货黄金价格

数据来源：世界黄金协会。

　　我们认为，许多书籍的作者和分析师之所以会笃定黄金价格会永远上涨，一个主要原因是他们推销的产品都很难更改。例如，假设你听从许多分析师的建议买了金条，由于买卖金币和金条的难度大且成本高，因此只有黄金价格持续上涨，你的投资才能盈利。持有像黄金这样的硬商品是看涨操作的终极手段，而且金条交易商的收益通常比投资者多得多。本着全面披露原则，你需要知道以下信息：（1）我们不会推荐任何黄金产品；（2）我们自己也在投资黄金，需要时不时地在账户内持有黄金头寸，我们希望在本书中充分发挥这一优势，为你提供尽可能多的真实的市场交易经验。

我们不会浪费太多笔墨来证明我们的看涨预测是正确的，而只是将这一论点作为一种帮助你理解黄金市场基本面的途径，本书的精华在于如何理解黄金市场未来的变化，以及如何运用策略从这些变化中获利。如果黄金价格继续上涨，达到每盎司 4000 美元，我们理应干上一杯，但如果价格没有达到预期，我们也会告诉你应如何主动出击，从意外中赚到钱。这对黄金投资新手而言是个好消息，毕竟与股票市场不同，黄金的熊市或平稳走势并非坏事。每当全球经济向好，黄金价格往往会下跌，这时你可以基于自己的策略，在平稳的黄金市场中交易 ETF、期货和期权等在交易所上市的产品，这可能比单纯买入并持有黄金更安全、更便宜和更有利可图。

上述内容有助于我们更好地理解本书后面的内容。我们关于黄金市场和黄金产品的一些观点可能会引起争议，即使它们根植于我们真实的交易经验。市场的本质就是周期性地偏离于我们的预期，如果不是这样，那么那些甘愿承担风险的投资者也就无法获利了。这是一个好消息，因为无论市场如何变化，那些勇于做出改变的投资者都能成为赢家。

如何设定合理的预期

在与投资者交流的过程中，我们遇到过非常成功和喜悦溢于言表的投资者，当然也遇到过沮丧、消沉、并不成功的人。后面这些人的一个共同特点是，他们都抱有不切实际的预期。我们无法告诉你如何通过投资黄金快速致富（没有人可以做到这一点），也无法告诉你如何在黄金市场上获得100%的年收益或5%的月收益，我们更无法告诉你为什么黄金是最好的投资类别，无法保证在未来20年里它将优于所有其他投资品。

你一定曾经从其他渠道、书籍、行业会议或网络广告中听到过类似稳赚不赔的承诺，请你换个思路来想一想。这是不现实的，因为未来充满了不确定性，认清这一点是承担风险的基本前提。如果一切都是既定的，那么也就没有获利的机会了，因为首先冒险家和投机者就没有存在的必要了。金融市场上一条无法回避的原则就是风险和回报是成正比的。这意味着如果你想获得更多的收益，你就必须承担更大的风险。

在黄金市场上，付出与回报之间也有类似的平衡。投资黄金市场有一些非常简单的、无须花费太多精力的方法，但你对投资的关注越少，潜在的回报就越低。这是一个无法改变的事实。用较少的行动和努力换取更多的时间和灵活性也许是件好事，这取决于你是什么类型的投资者。许多营销资料总是鼓吹每天只需要花几分钟的时间就能获得高回报，但事实恰恰相反。正是因为黄金市场有吸引力且回报可观，不少投资者很快就会从被动投资者转变为主动交易者，当然这需要你付出很多努力。

认清自己是什么类型的投资者将有助于你对需要付出多少努力设定符合

现实的预期。例如，如果你只是想了解一下黄金市场是如何运行的，并将黄金头寸加入你长期、多元化的投资组合中，那么你会发现这还是挺简单的，（基于长期趋势的）潜在收益还算不错，但要低于那些更投入（因此也更忙碌）的交易者。在本书关于策略的内容中，我们将花时间并结合案例来讨论这些取舍。好消息是，黄金市场具有极强的灵活性和流动性，因此你完全可以设计和执行符合你风险承受能力和投资目标的交易或投资策略。由于黄金市场具有独特性和波动性，因此无论你的交易目标是什么，你都要进行实践和研究，但最关键的是每个人都可以做到。

为什么资金充足至关重要

做任何交易都需要准备承担风险的资金。换句话说，当你的预判正确并赚到钱的时候，你也需要做好情况变糟且可能会赔钱的准备。你肯定听过这句无处不在的劝诫："永远不要拿你（或你的客户）负担不起的资金去冒险。"拿你需要还债的钱、生活费、学费或其他必要的开支来冒险绝非明智之举。使用一个资金不足的账户（即一个"输不起"的账户）进行交易很容易让你感觉到压力，从而做出糟糕的决策。如果你因为压力太大而无法做出理性的决策，那么你必然会自乱阵脚，免不了赔钱。

在进入黄金市场之前，你需要仔细考量一个重要的概念。与许多其他资产不同，黄金极易杠杆化。期货和期权或许是帮助你从黄金中获利的"最佳"途径，我们将在本书中详细介绍这两种工具。然而，当交易者将杠杆视为用小账户进行豪赌的一种工具时，他们极易陷入杠杆陷阱。如果小账户中的资金是纯粹的风险资本倒也无妨，但如果这些资金是借来的钱，那就有问题了。当然，即使你账户中的资金较少，你也可以进入黄金市场。你的资金量决定了你的风险承受能力以及如何合理地使用杠杆。在讨论黄金产品和策略时，我们会告诉你杠杆在每种情况下是如何发挥作用的。幸运的是，即便不使用杠杆，黄金投资也可以非常高效地进行，因此资金较少的投资者也能够获得其所需的灵活性。

为什么黄金交易者要进行多元化投资

我们并不是要建议你仅仅持有或交易黄金这一种资产，也不会解释黄金为什么会在未来 10 年击败股票，或者劝你持有黄金而不是美元。上述观点可能是正确的，但我们想在本书中探讨的是，为什么黄金是多元化投资组合的绝佳标的，这对长期和短期投资者，以及激进的短线交易者而言都同样适用。在你的投资组合中加入黄金，可以实现其他投资标的无法比拟的多元化。

有很多种方法可以在你的长短期投资组合中获得黄金敞口，因此让你的黄金投资与你目前持有或计划持有的头寸相匹配并非难事。现代黄金投资产品之间日益激烈的竞争已经将投资成本压得如此之低，以至于将敞口分散到更多资产类别上实际上并没有什么不利之处。多元化投资之所以有效，是因为其中的每一种资产都可以独立于其他资产运作。黄金、债券、股票、大宗商品、房地产和其他主要资产类别之间几乎没有关联，这意味着你所持账户的总体风险要小于每种投资的加权平均风险。多元化投资是我们所知道的唯一一种既能降低风险，又不需要过度增加成本或回报的投资策略。

对多元化的质疑基于这样一种观点，即投资组合中某些资产类别的表现不如其他资产类别，这样就会产生巨大的机会成本。这种观点建立在全面了解过去业绩的基础上，而多元化与未来以及不可预测的情况有关。这些质疑之声大多出自黄金狂热者（专门投资黄金的投资者）之口。我们不妨来看看他们在 2010 年承担的机会成本。当年，投资黄金的收益率仅为 30%，而投资白银的收益率达到了 70%。如果那时黄金和白银的价格相同，那么当年他们将净亏损 25%。类似的情况还发生在住宅房地产投资领域。尽管房地产市场在 2007 年和 2008 年出现了下滑，但其在过去 15 年间的表现仍优于黄金。虽然这些都是极端情况，但是在我们看来，这反而说明用你所有的钱投资黄金或者完全不投资黄金都不是明智之举。

如何避免过度开支

黄金可以是你投资组合中成本最低的投资之一，也可以是最贵的投资，这取决于你的选择。黄金投资者必须关注许多不同的潜在成本，包括过高的溢价、费用比率、不合理的价差、流动性不足的资金、期货溢价、佣金，甚至还有想在你身上赚一笔的交易商。其中有一些成本非常隐蔽，可能藏在厚重冗余的披露文件中，或者彻底隐藏起来。我们会教你如何找到这些成本，帮助你少花点冤枉钱。

这一点很重要，毕竟成本是投资者能够掌控的少数事情之一。我们无法预知未来，但至少可以知道自己花了多少钱，并且努力把成本降至最低。不少优秀的交易者虽然能够把握交易时机，但由于成本过高或没能觉察到隐藏起来的成本，因此从长期看，他们跑不赢指数，甚至还面临亏损。

如何缓解交易压力

与债券和定期存款等固定收益类投资不同，黄金不能提供支付流，也不可转让；与股票和大多数基金不同，黄金不会随着时间的推移而增值。虽然黄金的价格可能会上涨和下跌，但是市场参与者并没有（至少通常不会有）抬高黄金价格的动机。在这一点上，它与股票和债券完全不同：上市公司的管理团队的任务就是增加股东的价值，债券发行人是为了在未来获得资本而给你回报。从这个角度看，黄金具有独特性，而黄金市场往往让新手们找不到方向。这一点很重要，因为适用于股票和债券的那一套投资理论并不适用于黄金。秉持错误的理念投资难免会给你带来巨大的压力。我们坚信，投资带来的压力必然会影响你的生活。如果投资的压力影响了你的幸福感或其他行动，那就说明你正在做的事情出了问题。

投资者的心理问题往往都是压力造成的，但由于主观性强，因人而异，因此并没有普适的解决办法。如果这种压力让你感到不开心，那么是时候做出改变了，比如休息一下，读读书，减减仓。在本书中，我们还会列举一些案例来说明投资者压力是如何影响中央银行行长、机构投资者和个人投资者，并导致决策失误的。

好消息是，黄金市场极具灵活性，所以你很容易进行调整。在本书中，我们将探讨有可能给新手带来巨大压力的策略和产品，以及规避它们的方法。此外，我们还将介绍一系列策略，虽然这些策略的风险稍高，但随着你在市场中积累了更多的经验，你可以轻松上手。

如何识别并避开骗局

投资的世界中充满了骗局：有些打着"一夜暴富"的旗号，很容易被识别；还有一些则更隐晦，难以识别。我们无法解释原因，但根据我们的经验，除了外汇市场，与黄金有关的骗局比其他投资类别的都要多。我们猜测这可能是因为人们对黄金市场充满了恐惧，而利用这种恐惧或兜售焦虑很容易让投资者做出错误的决策。

在本书中，我们不会为那些明显和隐蔽的骗局浪费太多笔墨，以下三个特征足够帮助你擦亮双眼。

1. **承诺不寻常的高额回报**。请记住，看上去越美的东西越不真实。

2. **内部消息或小道消息**。金融市场的伟大之处在于其透明度。虽然有时并不是这样的，但在大多数情况下，投资顾问掌握的信息，你也能查到。

3. **所谓的"阴谋"**。阴谋被用来制造和渲染恐惧。这也解释了为什么投资顾问或骗子似乎总是比普通大众更了解投资。

尽管有一些骗局就像纽约街头的小贩兜售"货真价实"的劳力士手表一样毫无技术含量，但根据我们的经验，最危险的往往是那些隐蔽的骗局，即使投资老手也难以识别。伯纳德·麦道夫（Bernard Madoff）"经营"多年的庞氏骗局就是一个最好的例子。这场骗局同时具备上述三个特征，但麦道夫掩饰得很好，以至于很多有经验的投资者都轻易地相信了（或者说愿意相信）他。

黄金市场中的大多数骗局与麦道夫的庞氏骗局（而不是假的劳力士手表）有更多的相似之处。尽管我们无法一一列出市场中可能出现的骗局，但是我们可以帮助你梳理你在做研究时应该问的问题。我们对骗局进行了定义，介绍了几种打了法律的擦边球、可能最难被识别的产品。总之，请你保持怀疑，不懂就问，证据优先。毕竟，谁会拿自己的钱开玩笑呢？

为什么实践才能出真知

本书可以为那些想要了解黄金市场背景知识的投资者提供足够的内容。我们强调的是实践和策略，而非政治和历史信息。这些内容仅仅通过阅读是无法完全学会的，必须通过实践才能从错误中汲取经验。在本书中，我们会就如何把我们讨论的概念运用到真实的市场中提出具体的建议。这些经验对那些想要成功的黄金投资者来说至关重要，但拿真钱练习投资并不适合业余爱好者。如果你想成为一位更好的交易者，你就不能只是把账户丢给经纪人，自己当甩手掌柜，所以在执行新策略之前，我们都强烈建议你先用模拟账户练习。这样做可以帮助你了解特定产品或策略的运行方式，以及当市场发生变化时你的真实感受。

"投资很容易"是一个神话，因为投资需要花费大量的时间和精力来练习。正如你不能指望仅仅通过订阅几本杂志就能成为一名出色的吉他手，你也不能期望自己在一夜之间就能成为一位优秀的黄金投资者。鉴于黄金市场与其他市场存在着显著差异，在你对自己的投资组合做出重大调整之前，我们再怎么强调调查和研究的重要性都不为过。如果你想要练习，并且研究一下我们在本书中讨论的那些更超前的理念和策略，那么你需要一个能够还原真实市场的交易应用程序。你可以通过以下链接获取类似的应用程序。我们还提供了一些资源，如果你需要一些额外的背景知识，那么你可以使用这些资源来了解更多关于期货和期权交易的基础知识。

- www.888options.com。这个网站由美国期权业协会（Options Industry Council，OIC）开发和运维。该协会虽由美国期权行业提供资金支持，但仍能保持公正。该网站推荐使用期权，而且上面的培训材料、课程和研究报告很实用，是一个纯粹的学习网站。

- www.cboe.com。该网站由北美最大的期权交易所——芝加哥期权交易所（Chicago Board Options Exchange，CBOE）负责运营和维护，上面有三个模拟交易平台供交易者无限制地使用，你可以点击主页上的"工具"（Tools）按钮找到它们。该网站还提供了一些很好的课程，以及一个保存了每日视频和网络研讨会等内容的优质数据库。

- www.optionshouse.com。该网站专注于服务主动型期权交易者，在费用上极具竞争力。其提供的模拟交易账户虽然有试用期，但其中包括一套非常强大的分析工具。

- www.trademonster.com。该网站的收费比 optionshouse 网站略高，但其在帮助投资者梳理和计划正在进行的交易等方面做得很好。其提供的分析工具功能强大且易于操作，对交易新手非常友好，而且能够帮助他们建立起关于期权投资的基础知识框架。该网站也提供了一个模拟交易应用程序。

随着技术的持续进步，投资工具越来越易于操作，它们的功能也越来越强大。你可以随时找到关于黄金市场、期货、期权的优质内容，而且只要稍加努力，你就有可能成为专业的黄金交易者。无论你是决定只投资一种黄金产品，还是想扩大投资领域，在投资黄金 ETF、股票、期货和期权的过程中实现战略多元化配置，你都能找到工具和方法来帮助你实现账户收益的最大化。最关键的是，这些工具和方法大部分都是免费的，或者只是象征性地收取一些费用。

如何在黄金市场上获利

我们现在要强调一下本书的重中之重。我们笃信以技术和实践为基础的教育理念，关于黄金的历史、金本位、阴谋论等内容只会一笔带过，坦白地讲，这些无趣的内容无法真正帮助投资者学习如何投资黄金。如果你想更多地了解这些方面的知识，你可以阅读其他经典著作。

在本书中，我们会介绍关于黄金投资的非常具体和实用的理念，你大可以放心地应用于实践。虽然我们无法详细介绍每一种策略，但我们希望了解这些策略能成为你学习更多内容的起点。

All about

Investing in Gold

———

第 1 章

黄金市场概述

在本章中，我们将站在一个相对宏观的位置，重点介绍黄金投资的实际应用和投资策略。在你正式进入市场之前，你需要对以下几点略知一二：黄金的交易方式，谁拥有大部分黄金，以及为什么投资者对黄金如此迷恋。在阅读的过程中，有些内容可能会令你感到意外，也会驱使你一探究竟。尽管你可以找到很多资料来进行研究，但是请记住，现在的黄金交易方式和定价机制与过去任何时候都不同。

黄金的交易者包括官方机构（政府或准政府组织）、私营机构和个人，其中官方机构的交易规模远远大于私营机构和个人。这种情况并不稀奇，很多官方机构也参与债券、房地产和大宗商品等领域的投资。然而与其他一些资产不同的是，黄金的流动性更强，其行情变化也更迅速，有时这些变化会对黄金价格产生实质性的影响，这也是黄金投资者需要密切关注官方机构的市场行为的主要原因之一。

黄金投资者在不同的市场进行交易。在最高层面上，大多数黄金交易都在伦敦黄金市场（London Bullion Market）由官方交易商（主要是各国的中央银行）和最大的几家跨国银行（其中一些跨国银行还被称为黄金银行）完成。通常情况下，伦敦黄金市场的日交易成交量比全球一整年的黄金产量还多，而且市场上的大多数参与者都维持着较高的杠杆率。这就解释了为什么黄金市场如此动荡。

大多数个人投资者实际上是通过持有实物黄金（囤积黄金）进行投资的。对于小规模投资者而言，这种投资虽然可以获利，但缺乏必要的流动性。原则上我们建议，在准备买入实物黄金之前，可以先买入期货、期权或ETF等交易所交易产品。在交易所上市的产品更具流动性，这对于注重严格管理资金和多元化投资收益的交易者来说更为重要。以交易量计算，伦敦金属交易所（London Metals Exchange）是全球最大的黄金衍生品交易市场，纽约和芝加哥的期货和期权交易所紧随其后。ETF在证券交易所挂牌交易，而且越来越受个人投资者的青睐，这一趋势还将持续下去。我们认为，对于小规模交易者或长期投资者来说，黄金ETF可能是进入黄金市场的最佳途径之一。在本书中，我们将探讨如何评估和投资黄金ETF，以及如何在黄金ETF中配置期权来降低波动性或获得额外的杠杆。

除了黄金的交易地点和交易方式，我们在本章中还将讨论以下三点。第一，黄金与货币具有相似属性，官方和个人投资者也将黄金当成货币。这意味着黄金的变化趋势将明显区别于其他资产。作为一种货币，黄金是"无国籍的"，但其深受北美和西欧几大中央银行的影响。第二，黄金市场极具流动性，是一个非常灵活和高效的市场。流动性对于小规模交易者和投资者来说是一大优势，因为这意味着交易更灵活，成本更低。第三，黄金和政治难舍难分，这永远是许多投资者和分析师的热门谈资。但由于政治问题易受情绪影响，因此交易者必须保持理性才能做出正确的投资决策。

了解黄金

关于黄金有太多的传说，新手投资者很难去伪存真。保持神秘感是黄金交易商创造黄金投资购买需求的惯用手段之一。我们认为在判断有关黄金的某些言论的真假时，考察信息的来源很重要。你在互联网上下载的报告或者随便从投资交易展会上拿到的报告，都有可能是黄金交易商的推销广告。

最好的"糖衣炮弹"往往是真相和谎言的混合体，它们要么是不真实的，要么是无法证实的，还有一些是与市场表现毫无关联的八卦。所以，你必须要时刻保持怀疑的态度，在做出任何重大投资决策前一定要亲自调查研究，以确保你清楚地知道自己正在做什么。接下来，我们要纠正市场中较为流行的几种观点，这也是你进入市场之前需要特别关注的。我们将从介绍一些错误概念入手，再着手处理那些更棘手的难题。

黄金与股票、债券截然不同

黄金与股票和债券在许多重要方面都存在着明显的差异。黄金的走势往往与其他主要投资资产类别相反，但也可能一反常态地与股票和债券走势相关。例如，2010 年第三季度，股票、债券和黄金都沿着同样的趋势发展。事实上，在 2009—2010 年全球经济复苏初期的大部分时间里，股票、债券和黄金的走势是相同的。这对于碰巧做多这三种资产类别的投资者来说不是什么坏事，却引起了一些疑问：它们为什么会有趋同的走势？这对黄金投资者来说是否意味着风险？

债券的价值在于为投资者带来回报。债务要支付利息，并提供与出借方或投资者所承担风险成正比的回报，因此债券的根本目标是提供回报。这看似很明显，实际上却是债券与黄金的关键区别之一。虽然从技术层面讲，投资某些黄金存款产品可能获得利息，但黄金不会像债券那样带来收入流，而且永远不会。这意味着当收益率高时，黄金将与债券争夺投资资金，尤其是在收益率高、经济持续增长时，这种竞争对黄金投资者十分不利。

仅就股票的价格等于其未来预期回报（股息）的贴现现值这一点而言，股票实际上与债券十分相似。公司发行股票，并出售给愿意为公司发展的不确定性承担风险的投资者；投资者买入股票是因为他们相信未来的回报值得他们去冒险。由于黄金不能提供实质性的收入流，而且其目标也不是升值，因此它的走势不同于股票。可以想象，在牛市中，当黄金必须与股票争夺市场中的投资资金时，其表现并不总是那么好。

你需要记住的是，黄金并不是一种以升值或为投资者创造收益为目标的投资标的。从长期看，黄金的购买力（价值）始终是"均值回归"的^①，这意味着黄金的走势会相对平稳。这当然不是什么坏事。因具有保值能力，黄金被视为一种优秀的长期保值标的，这也是它被视为实现多元化投资的重要工具的原因之一。在高利率以及经济高增长、低通胀的宏观经济环境下，像黄金这类具有保值或避险功能的投资产品往往表现欠佳。黄金在 20 世纪 80 年代中后期和 90 年代后期的表现就是一个很好的例子，当时黄金价格持续遭到打压，而其他资产都在大幅溢价。

---

① 均值回归是指当某种事物（如价格、自然现象、社会活动等）的表征值高于或低于价值中枢（或均值）后都会以很高的概率向价值中枢回归的趋势。这一概念更多地被用于金融领域，即某类投资产品（如股票、房地产）的价格上涨或下跌的态势无论延续多长时间，都最终会回到一段时间内的平均价格。——译者注

黄金不同于其他大宗商品

　　大宗商品并不仅仅是一组同类的、以相同速度同时上涨或下跌的投资标的，它可以分为不同类别，如硬商品、软商品、金属、贵金属和能源等，而且每一类对于通货膨胀、经济增长预期和全球风险的敏感度都不同。即使属于同一类，投资标的之间也存在差异。例如，自 2008 年金融危机后贵金属价格触底，直到 2010 年底，银价上涨了 226%，而黄金价格仅回升了79.67%。虽然二者的表现都很亮眼，但增长的原因却大不相同：黄金和白银虽然有一些共同的基本特征，但比起黄金，白银对工业需求更敏感，因此其走势不同。

　　2010 年，能源大宗商品的复苏也尽显疲态，远远落后于黄金，但考虑到黄金和能源在基本面上的差异，这也就不足为奇了。所以，我们认为2007 年兴起的将石油称为"新黄金"的热潮着实荒谬。一种资产在短期内的表现优于另一种资产，并不意味着它将取代后者，成为保值或投资的更优选择。黄金和许多大宗商品的主要区别在于黄金作为货币或背书其他（非正式）货币的属性。这一点是我们将在本书中反复强调的，可能也是黄金投资新手需要牢记的黄金最重要的特征。

黄金并非零风险资产

　　虽然很难解释清楚为什么黄金生来就是价值的载体且"天然是货币"，但是从历史数据来看，黄金既能为短期投资者，也能为长期投资者提供丰厚的收益。然而，黄金投资并非没有风险，这与很多针对潜在投资者的推销广告所宣传的截然相反。黄金也曾出现过贬值，而且几乎可以肯定地说，在未来的某个时点，相同的情况会再次发生。想象一下，1980 年，你在市场高点买入了黄金，30 年后的 2010 年，你仍持有这些黄金，但几乎不会有任何收益，而且考虑到通货膨胀，尽管你赶上了当年的牛市，但你仍然是亏损的。确实有许多投资者在 1980 年市场最狂热的时候买入了黄金，你可能也是其中一员，但随着市场的持续上涨，你需要考量这种风险。黄金并不是无风险资产。这是任何市场交易者都必须面对的现实，所以我们也将帮助你在投资组合中做好准备。

由于更倾向于使用杠杆，黄金市场中的短期交易者更容易面临风险。对于过度使用杠杆的投资者来说，即使是短期回调，都可能具有非常大的破坏力。当然，投资黄金有风险也并非坏事，如果市场没有风险，也就没有获利的机会了。作为黄金投资者，我们愿意冒险，因为我们认为黄金价格有很大的上涨潜力。在本书中，我们提供了几个具体的黄金投资策略案例，并详细介绍了每种策略的潜在风险和需要完善之处。机会只留给有准备的投资者，从长远看，这些投资者会更灵活、更有希望获利。此外，我们还介绍了一些策略，旨在帮助投资者在黄金市场意外陷入熊市时也能从中获利。

黄金的现代史

为什么黄金有价值？虽然黄金是一种稀缺贵金属，而且有一定的工业用途，但工业生产的需求似乎并不足以驱动其价格的大幅上涨或下跌。历史上，黄金曾长期被作为货币使用或为纸币提供背书，但这种模式基本已经被世界主要经济体抛弃了。目前，每年生产的大部分黄金仍被用于珠宝首饰。

虽然在理论上，经济向好将刺激黄金需求，但在过去的数十年中，这种理论模型并没有发挥多大的预测作用。如前所述，黄金缺少像其他资产那样能够推动其升值的收入流。我们说的可能有不正确之处，但可以肯定的是，黄金的确是有价值的，而且人们对这种金属的需求还在持续增长。关于这一点的研究和理论颇多，但我们认为最可能的是，尽管官方不再将黄金作为货币使用，但它仍然扮演着货币的角色。

一直以来，黄金都是最适合作为货币的物质，这是因为它虽然稀有，但可以在地球表面找到；易于在低温环境下提炼、加工；不易脱色、发生化学反应或者溶解；不会发生损耗，很多年前被发掘出来的黄金时至今日依旧以某种形式存在于我们周围；更何况黄金很能吸引人的注意，纯度也易于确定。除了黄金，没有任何其他物质或贵金属能够集上述特征于一身。正因如此，黄金天然就是货币。黄金的独特属性使它在过去一直被用作货币，而这可能也是它至今仍能发挥这种作用最重要的原因。

之所以把黄金价值之谜作为讨论的重点，是因为这既可以帮助交易者理解黄金相对于其他贵金属的独一无二性，也可以提醒我们避免过度诠释那些未来有可能影响黄金升值的因素。黄金有价值，它发挥着和货币一样的作用，这是贯穿于全书的理论基础。图 1-1 展示了 1980 年 1 月至 2010 年 12 月现货黄金价格与美元指数的关系。很显然，黄金表现出了更自由的浮动特征，并且与美元价格存在显著的负相关性，一个主要的原因就是美元是国际储备货币，我们将在下文中论证它是由黄金背书（官方或非官方）的。这有助于我们充分理解一些关键的来龙去脉：为什么不确定性增加的环境将驱使投资者推高黄金价格？未来，哪些因素可能会导致黄金价格出现下跌？

图 1–1   1980 年 1 月—2010 年 12 月现货黄金价格与美元指数的关系

数据来源：世界黄金协会、美联储。

📖 延伸阅读

英雄莫问出处：一堂简短的黄金历史课

我们无意在黄金漫长的历史中停留过久，但简单地了解一下过去三个世纪中黄金市场发生的重大事件，有助于我们理解黄金为何能作为货币使用以及这一传统如何延续至今。我们的第二个目标是解释一下黄金市场的主要参与者是如何在历史舞台上粉墨登场的，并对他们的主要活动做一些简单介绍。

1717 年

艾萨克·牛顿（Isaac Newton）把黄金的官方价格定为 4.25 英镑。

这是试图固定黄金价格的一次尝试，此后类似的尝试从未停止，但都以失败告终。

1900 年

黄金被确定为美元的单一金属本位制标准。最初 1 美元兑墨西哥比索或固定数量的白银的标准被废弃（真是时移世易啊）。

1933 年

大萧条期间，美国总统罗斯福颁布了黄金出口禁令，终止纸币兑换黄金，禁止私藏黄金和黄金投资，命令美国民众将多余的黄金交给政府。这种情况已经不是第一次发生了，美国也不是大萧条期间唯一一个这样做的国家。

从另一个角度来看，金本位为主权货币带来了潜在的投机风险（这种情况已经发生了），削弱了政府增加货币供给和抵御快速通货紧缩的能力。通过终止兑换性，世界各国政府终于可以卸下身上的枷锁，货币供给不再受到金本位的限制。至于这是不是一件好事，可能只有时间可以告诉我们答案了。许多经济学家的共识是，对于某一经济体而言，越早放弃金本位并增加其货币供给，就能越早摆脱大萧条。这种观点（无论正确与否）已经成为美国推行宽松货币政策的理论依据。尽管 1933 年发生的事件备受争议，但不可否认，这一事件有重要的历史意义：它说明了货币与黄金的关系，以及试图固定任何资产价值的努力最终都是徒劳的。当投资者对货币失去信心时，黄金可以作为一种替代品，而无论政府采取何种措施，对黄金作为一种价值贮藏手段的需求都将不断增长，并最终推高其价格。

1973 年

美国正式废除了金本位制，允许美元和黄金自由浮动，同时撤销了将黄金作为投资品持有的禁令。自那时起，随着投资者对经济的担忧（黄金价格上涨）或信心增强（黄金价格下降），黄金兑美元的价格（就像任何货币的汇率一样）开始上下波动。

1980 年

黄金价格达到了每盎司 870 美元的历史新高，以通货膨胀调整后的美元计算，这一价格超过以往任何时期。历史性的价格高点出现在伴随着通胀和中东战争的经济衰退时期，这绝非巧合，人们对美元缺乏信心凸显了黄金作为保值工具的价值，这很可能是金价飙升的原因之一。

接下来发生的事情更值得人们深思。从 1980 年到 21 世纪初，黄金市场进入了漫漫熊途：利率高企，加上贵金属市场的泡沫打击了投资者的信心，导致了金价的下跌。这里需要记住的重要一点是，虽然黄金的价格并不总是一直上涨，但投资者在黄金熊市中一样可以像在牛市中那样高效获利。

1997 年和 1999 年

1997 年，美国政府开始允许个人退休金账户持有黄金这一资产；1999 年 9 月，全球最大的 15 家中央银行签署了一项限制每年黄金销量的协议[①]。这两个事件为随后创新型黄金投资产品的推出以及市场重新

---

① 即《央行售金协定》（*Central Bank Gold Agreement, CBGA*）。该协定是欧洲 14 家中央银行加上欧盟央行联合签署的一个旨在限制各主要黄金储备央行黄金出售行为的协定。——译者注

燃起对黄金作为价值贮藏工具的兴趣创造了机会，小投资者可以更轻松地将黄金纳入他们的投资组合，中央银行也为金价提供了潜在的支持。自 21 世纪初开始，黄金价格出现了远超预期的反弹。

我们认为，新入市的黄金投资者和需要购买黄金作为储备的各国中央银行将持续给市场带来看涨压力。这并不意味着黄金市场就不会出现波动了，但至少在这种情况下，在支撑价位的买入能带来丰厚的收益。在后面讨论的策略部分中，我们将进一步深入探讨如何根据趋势进行投资，以及如何通过分析确定潜在的支撑价位。

2008—2011 年

新黄金买家和各国央行的潜在压力，加上大衰退造成的市场混乱，再一次将黄金价格推高，使金价无论是按绝对美元标准计算，还是按照最终换算成通货膨胀调整后的美元计算，都达到了历史新高。这一时期，美联储推行的量化宽松政策的影响尚无定论，但美国增加货币供应量似乎是黄金价格上涨的原因之一，因为投资者担心货币供应量的增加将导致美元购买力的下降。

2011 年至今

作为为数不多的可以替代美元作为储备资产或避险投资产品选择之一，黄金对投资者和各国央行都至关重要。很多投资者和央行的黄金资产敞口明显不足，尤其是亚洲各国央行过于集中地持有美元资产，需要将黄金作为储备资产进行多元化投资。这种购买将对黄金价格产生非常积极的影响。

黄金政治经济学

试图理清黄金在政治和政府中扮演的角色是非常困难的，但这是投资新手必须要直面的问题，毕竟官方机构在黄金市场中发挥着重要作用。虽然绝大部分经济体已经放弃了金本位制，但它们仍然将黄金作为储备资产直接持有，或通过投资美元或欧元等货币对其间接持有。尽管黄金不再与任何货币绑定，但有人认为，我们仍然遵循着金本位制。如果你对此感兴趣，建议你从真实票据学说入手，来了解准备金银行制度及其与黄金储备的关系。

在讨论官方机构的黄金问题时，请不要以"好"或"坏"作为评判某些行为的标准，而应多关注这些行为对你的投资组合有何影响。正如我们之前提到的，尽管我们可能并不认同一些国家当前的财政和货币政策，但我们不能为了坚持自己的观点而失去盈利机会。以下我们将从黄金价格走势的角度来探讨黄金在官方机构中所发挥的政治经济作用。从黄金价格趋势的角度来分析官方机构的行为有助于我们抛开政治方面的因素。

为什么要采用金本位制

金本位有不同的含义，但通常是指有黄金作背书的货币。以美国为例，政府或美联储发行的货币（纸币和硬币）必须由其所拥有的黄金提供全权担保。通常（并不绝对）在金本位制下，这种货币可以兑换成实物黄金。有了这种制度，流通中的货币或多或少地会被黄金的数量固定。从理论上讲，这意味着货币供给很难增加，因此货币价值更稳定。金本位制还能提升人们对货币和货币体系的信心，因为他们知道货币的价值得到了实物资产的支撑。

巩固市场对货币体系乃至金融体系的信心是实行金本位制的真正目的。你会看到，在信心高涨时，黄金的价格往往趋于平缓甚至走弱；而当信心低迷时，黄金的价格会上涨。从某种程度上讲，金本位的回归对那些想要从黄金市场的大幅波动中捞上一笔的投资者而言绝不是什么好事。如果操作得当，金本位将减少市场的波动性，而这将使获利变得更难。以往有过许多不同版本的金本位或部分金本位的尝试。例如，20 世纪 30 年代，美联储不得不给至少 40% 的货币供应提供黄金担保。这属于典型的部分金本位制，其带来的结果之一是政府在大萧条时期无法通过增加货币供应量来降低利率和避免通货紧缩。与此同时，法国等经济体开始囤积黄金，这使美国面临的问题更加复杂。

你不必成为经济学家，就可以了解人们在过去 200 多年中是如何和为什么实施金本位制，以及这种制度为什么以失败告终的。金本位制本身就存在缺陷，尤其是当消费需求超过政府持有的黄金数量时，这种制度极易发生崩溃。战争和严重的金融危机是导致上述极端情况最常见的两个原因。

然而，不实施金本位制也会带来巨大的风险，最常被提及的一个例子就是第一次世界大战后的德国。战时筹措经费，加上战后用黄金和外币支付赔款，德国国库的黄金储备消耗殆尽，这迫使德国政府使用（没有黄金担保的）法定货币来筹集资金，问题在于这需要在收入减少的情况下增加消费。果不其然，这导致了灾难性的经济崩溃。虽然目前美国和欧洲的情况没有那么极端，但仍有相似之处。

德国人每年都会筹集大笔资金，他们试图用国债来为其购买的外币做担保，这通常被称为债务货币化，往往会摧毁人们对市场的信心。最终，德国马克从 60 马克兑 1 美元跌到几乎一文不值，德国的银行后来甚至将旧的德国马克作为废纸交由废品收购商处理。20 世纪 20 年代，政府发行的无担保纸币和债务将德国拖入了恶性通货膨胀的深渊，并引发了一系列政治动荡。我们提及的战争赔款可能只是导致危机的潜在原因之一，还有许多其他原因。政府支持的大规模罢工、资本（包括黄金）向更稳定的经济体外流、法国和盟军在德国全国各地部署军队，以及战争的持续威胁共同催生了恶性通货膨胀和经济崩溃的真正原因——恐慌。

对货币缺乏信心或极端恐慌的原因是多种多样的，在过去，人们可能只了解了其中一部分原因。它通常表现为极端的通货膨胀，因为不确定性会使货币发生贬值。世界各地爆发的信心危机有着不同的潜在原因。例如，匈牙利在 20 世纪 40 年代曾发生过一次恶性通货膨胀，通胀率曾高达 $1.3 \times 10^{16}\%$。当不得不用指数形式来描述通胀率时，可想而知事态有多么糟糕。在恶性通货膨胀期间，正常的货币工具完全失效。而一旦发生恶性通货膨胀就认为除了采取极端政策、改革体制或建立全新的货币体系以外，其他任何方法都不能解决问题，这是不理智的。一切又都回到了本章的起点：金本位制有助于稳定市场对货币的信心；而没有它，恐惧将导致货币市场的波动和恐慌。

我们并不是在预测美国和欧洲的一些国家在不远的将来会重蹈 20 世纪德国和匈牙利的通货膨胀的覆辙，但可以相信的是，人们对货币的信心可能会持续下降，而看涨黄金。我们认为，世界主要经济体都不太可能恢复金本位制，所以市场波动必然在所难免，这将为愿意冒险的黄金投资者带来机会。如果假设金本位制不可能恢复，世界主要经济体还将维持它们近年来采取的极端政策，那么我们预计黄金仍将是市场上回报最好的资产之一。信心固然重要，但更重要的是，不需要经济全面崩溃，黄金牛市依然可以延续下去。

法定货币：是天使还是魔鬼

我们将上面经常提到的美国以及亚洲和欧洲的一些国家大部分的货币体系称为法定货币体系，这意味着政府发行的货币代表一定的价值、可以流通，但没有任何实物资产的担保。从本质上说，法定货币是由发行它的政府的良好信誉做担保的，这令许多投资者感到费解：一种没有内在价值的货币怎么能有价值呢？同样难以理解的问题还有，为什么政府想拥有法定货币？毕竟这样做似乎要承担巨大的风险：如果这个国家的大部分民众突然醒悟，意识到他们账户里的钱只是一沓一文不值的废纸，那会发生什么呢？对于为什么没有发生类似的恐慌，我们至今仍未找到满意的答案，但我们从不缺少做出解释的理论。更值得注意的是，即使当货币的价值与基础金价不匹配时，金本位制下也可能存在法定货币体系。在 20 世纪 70 年代理查德·尼克松（Richard Nixon）总统正式取消金本位制前，这种情况在美国存在了很长时间。

法定货币给货币体系带来了特定的风险。由于美元是法定货币，美联储可以从财政部和公开市场上无限制地购入债券来增加货币供应量。这一过程在资产负债表上创造了货币，但实质上是美联储的负债。理论上，美联储可以以这样的方式无限地增加货币供应量，而代价就是极大地放大了资产负债表的杠杆率。市场上的一个普适法则是，杠杆会增加风险，因为作为投资者，杠杆率越高，灵活性就越低。法定货币可以使政府有能力在短时间内满足超出其资产规模和收入范围的融资需求。然而，这也增加了风险，一旦危机降临，投资者就会失去信心。黄金投资者需要注意的一点是，在法定货币体系下，危机很可能会推动黄金价格上涨；反之，当经济稳步上行和市场信心增强时，投资者会有更强烈的冒险意愿，对黄金也就没那么大的需求了。

综上所述，法定货币体系对黄金投资者来说有利也有弊。在经济形式好的时候，比起黄金，没有资产担保的货币也可能升值。很多投资者往往对此颇为不解，他们认为无论经济形式如何，法定货币可能都会年复一年地通胀或贬值，这是正确的，但他们可能会错误地推断黄金会因此升值。在经济景气时，黄金实际上不是一种很好的对冲法定货币通胀的工具。介绍完黄金市场的基本面，我们将详细介绍何时应该以及如何将黄金作为通胀对冲工具来使用。有时候，无论经济是否增长，法定货币的通货膨胀都会失控，而在这种情况下，黄金就是那个最炙手可热的宠儿。

我们还有机会回到金本位吗

没有担保的完全法定货币的缺点显而易见，各国政府和中央银行在危机期间也并没能拿出令人称道的自控记录。在 2008—2010 年的金融危机中，美联储大肆印钞的行为产生了难以消除的巨大风险。虽然回归金本位制是一剂灵丹妙药，可以彻底解决我们仍然面对的全球债务、通货膨胀和流动性等问题，但在回归之路上仍有一个关键的复杂因素阻碍着我们。

黄金的供应和生产在全球范围内并不均衡，新的供应机制缺乏灵活性，金矿也主要集中在少数几个地区，限产本身可能会导致泡沫和危机。金矿主要分布在中国、美国、南非、澳大利亚和俄罗斯。如果黄金产量真的会制约经济增长，那么又有哪个政府愿意将自己的货币政策话语权拱手相让呢？除了主权独立问题，大量的私营金矿企业也会在很大程度上左右黄金生产。作为全球最大的金矿企业，加拿大的巴里克黄金公司（Barrick Gold Corporation，ABX）在 2010 年第三季度的黄金产量为 206 万盎司[1]，按年计算，单单这一家公司的产量就几乎是 2009 年全球金矿总产量的 10%[2]。

我们还可以深入探讨这些问题以及它们难以解决的原因，但我们的重点不在于是否应该回归金本位，我们只是想解释一下为什么法定货币以及半独立黄金市场的现状可能还将持续下去，这对黄金投资者而言是一个好消息，因为政府过多的干预只会对黄金价格产生不利影响。

---

[1]　数据来源：巴里克黄金公司 2010 年第三季度业绩发布会。

[2]　数据来源：世界黄金协会发布的《2010 年第二季度全球黄金供应报告》。

第 2 章

黄金市场的主要参与者

黄金市场中有一些主要的参与者。在本章中，你将了解到规模较大的投资者可以对黄金价格产生显著影响。我们有必要了解一下他们是谁，以及他们调整投资组合头寸的动机是什么。大多数时候，黄金市场主要投资者的行动都相对缓慢，这对伺机顺势而为的趋势交易者来说无疑是个好机会。

我们将黄金市场上的主要参与者分为以下三类。

1. 官方机构，包括各国中央银行、国际货币基金组织（International Monetary Fund，IMF），以及其他政府机构。

2. 机构投资者和各类基金，包括 ETF、对冲基金、黄金银行，以及其他投资额较大的个人投资者。

3. 黄金生产者，这可能与上述两类参与者有所重叠，但这里我们特指涉足金矿勘探、开采和提炼的私人企业。

美联储与黄金

和大多数中央银行一样，美联储也需要维持必要的资本储备以支持自己的债务。这些储备或资产以外币、黄金或其他资产等形式存在，记在资产负债表上，每周在美联储官网上公布。其中，黄金储备可用于出借以获利，或被用于国际交易结算。然而，美联储持有这些黄金储备的首要目的，与利用黄金实现多元化投资组合的个人投资者的目的如出一辙：黄金具有价值贮藏的功能，作为一种资产，它可以增强市场对货币供应的信心，或在必要时调控货币政策。

2011年的官方数据显示，美国中央银行持有8133吨黄金[①]，大概相当于当时全球所有已开采黄金总量的5%[②]。如果考虑到已经开采出的全部或绝大部分黄金可能仍以某种形式存在，那么这的确是个惊人的数字。其他任何单一实体都无法拥有如此数量的黄金，这也是我们仍坚持认为美元本质上得到了黄金背书的主要原因之一，即使这种关系并不固定。

随着时间的推移，美国中央银行和黄金的关系发生了变化。在美国实行金本位制时，美国央行的货币发行量必须与美国黄金储备的总价值量相当或保持固定比例，这种限制加上可以对黄金任意设定价值，使美国央行在面对危机时束手无策。例如，在大萧条期间，美国央行不得不用其所持有的黄金来支持至少40%的货币供应。黄金与美国央行增加或缩减货币供应的能力

---

① 包括各国中央银行在内的大型投资者在黄金交易中使用"吨"（在北美地区有时也称为"公吨"）作为计量单位。1吨等于1000千克或大概2200磅。由于黄金交易者通常使用"吨"作为单位，因此我们在本书后面章节中也会使用"吨"。

② 数据来源：世界黄金协会发布的《世界黄金报告》（*World of Gold Report*）。

之间的这种稳固关系被许多经济学家视为致使大萧条恶化和持续时间长的关键因素之一。美联储前主席本·伯南克（Ben Bernanke）在 2007—2008 年次贷及金融危机爆发前就对此有过论述。他当时许诺，任何因素都不能阻挡美联储在下一次流动性危机中增加货币供应。

言出必行。如今，美联储在几轮的量化宽松政策中再也没有让黄金储备量成为限制其为银行储备发行新货币的绊脚石。就在我们写作本书时，美国银行的超额准备金已略有下降，但仍接近 1 万亿美元。要知道，自 20 世纪 60 年代起，这个数字一直非常接近于 0[①]。

美联储与黄金的关系会时不时发生变化，但最根本的转变发生在 1971 年的"尼克松冲击"（Nixon shock）期间。在那段期间，美国政府屡次尝试稳定物价和工资水平，并放弃了美元与黄金之间的可兑换性。蓦然回首，在随后的十几年间，美元没有再经历更为严重的价值和信任危机简直就是一个奇迹。当时，美国政府尚可以把责任推给战争威胁，以及法国、西德和瑞士等国的中央银行，让它们充当替罪羊。责任的转移很可能阻止了对美元进行的更严重的投机冲击。这一系列行动被称为关闭黄金窗口，最终的结果是迫使全球几大主要货币进入一个全面浮动的体系。历史上还有多次在交易区间和其他固定关系中管理货币的尝试，但几乎都失败了。

1971 年，美联储作为当时世界最大经济体的代言人，用美元取代黄金作为世界上最重要的储备资产。从那时起，许多国家的中央银行开始将美元作为一项最重要的资产持有，还有一些中央银行，如印度等国的中央银

---

① 资料来源：圣路易斯联储（Federal Reserve Bank of St. Louis）发表的《储蓄机构的超额准备》（*Excess Reserves of Depository Institutions*）。

行，几乎将其所有的准备金都集中到了美元上。这自然对美国是有益无害的，有利于其保持经济和美元的稳定及强势地位。当然如前所述，这种放弃部分金本位的转变也面临着特定的风险。一方面，美联储为了在危机期间提高流动性和救市，可以随意印钞或制造更多的货币；而另一方面，如果印钞机运转得过快，可能会使投资者对美元失去信心，使通货膨胀加速并失去控制。

从理论上讲，灵活性是好事，但实际上，极端的货币政策会带来太多的不确定性。要想使增加银行准备金的货币供应带来好的结果，我们就必须清楚这些政策未来的影响。而美联储不过是在与市场对赌。这也正是投资者如此偏爱黄金的主要原因之一。如果（我们是说如果）美联储对其行动的未来影响预估错误，美元就将暴跌。到那时，作为价值贮藏工具的黄金就可以为美联储和个人投资者提供些许的保护。

要理解美联储的行动为什么会出错并不难。我们可以这样看待这个问题：如果经济预测是准确可靠的，那么美联储的经济学家们为什么没能预见到2007—2008年爆发的危机呢？答案就是他们根本无法预测，这也正是大多数交易者（包括我们在内）开始制订投资计划，以对冲不确定性甚至从中盈利的主要原因。在很大程度上，美联储当下的印钞行为是源于未能在大萧条期间实施的理念，从理论上讲，这些理念在当时应该对其有所帮助。在20世纪30年代的美国，增加货币供应也许是一剂良药，但这毕竟只是我们的猜想，已经永远无从验证了。现在我们只能说，这样做只会加剧市场对美元的投机需求，使情况变得更糟。我们已经做出了选择，美联储为试图阻止大萧条式的流动性陷阱和通货紧缩已经将数以万计的美元撒向了市场。美联储之所以这样做是因为美元不再得到黄金的任何担保吗？

20 世纪 70 年代，作为货币后盾的黄金被彻底弃用，改变了政府和黄金之间的关系。但如果美元完全是由人们对经济的信心和美国政府的信誉支持的，那么为什么美联储的资产负债表上还有黄金呢？这是一个非常关键的问题，因为它触及了个人投资者将黄金纳入自己的资产负债清单的核心原因。接下来，我们将深入研究这个问题的答案，并揭示美国的中央银行需要持有黄金，而那些没持有黄金的各国中央银行将在不久的将来开始购买黄金的原因。

我们认为，中央银行应该在黄金这一资产类别上持有较大头寸主要有以下三个原因。

风险分散

实现多元化投资的基本前提是，单一投资组合中包含了不相关的资产类别，该组合的平均风险将低于投资组合中任意单一资产类别的风险。黄金是可以被纳入投资组合，以充分实现多元化投资的几种资产类别之一。多元化投资既适用于个人投资者，也适用于中央银行。和我们投资者一样，中央银行也不希望看到自己的储备的价值意外缩水。设想一下，如果它们的储备集中在美元和欧元上（几乎大多数中央银行都是如此），那么当发生类似2007—2010 年美国金融危机这样的重大意外事件时，它们就将面临巨大风险。黄金非常适合为官方分散风险，因为黄金市场是最大和最具流动性的金融市场之一。除了货币和主权债务外，黄金是极少数既能在官方层面发挥效用，又能相对独立于政治利益冲突的资产之一。

中央银行也会和个人投资者一样周期性地买入或卖出黄金，只是从历史上看，它们只有在迫不得已时才会选择这样做。因为和普通投资者一样，它们也是利益追逐者。也就是说，当经济形势良好、全球货币坚挺的时候，黄金价格往往会下跌，它们倾向于卖掉面临亏损的黄金头寸，转而买入更具吸引力的资产。同样，当经济形势不好，美元、日元或欧元有贬值风险时，它们被迫买入黄金以分散风险。投资者（包括中央银行行长在内）经常面临的两难困境之一就是当经济形势良好、分散风险相对容易且便宜时，你却"不需要它"；而当你真正需要保护时，分散风险的代价又非常大，而且会引起争议。

虽然中央银行普遍认为自己是保守和理智的，但它们的行动却不是这样的。这对个人黄金投资者来说也并不都是坏事，因为政府层面的多元化投资可以给金价长期支撑。这不是什么新观点了，在过去的几年里，越来越多的中央银行都在迫切寻找多元化投资方式。俄罗斯、印度等新兴市场国家也发布了类似举措。尽管它们还未取得很大的进展，但它们已经得到了非常深刻的教训。虽然只有少数几个国家开始真正地进行改革，但随着它们会寻求更多元化的资产储备，这必将对黄金价格产生深远影响。

经济独立

与美元不同，黄金不是由政府发行的，其价值不能被对手或盟友永久性地改变。如果想要稳定地投资，且不受第三方因素的影响，那黄金是最好的选择。而持有主权债务或外汇将使中央银行依赖第三方来保护和维持这些资产的价值。

保护性看跌期权

保护性看跌期权是投资者可以应对其投资组合中特定多头头寸或整体看涨倾向的一种期权。它就像一张保单，能够保护投资者免受巨额损失。例如，假设你持有目前价格为 100 美元的 XYZ 股票，但该公司即将发布业绩报告，你担心它会让投资者失望。如果该公司出现盈利的大幅下滑，那么其股票价格可能在一天内会下跌 20% ~ 50%。如果你持有同一只股票的保护性看跌期权，那么即使股价下跌，你也能盈利，从而抵消大部分的损失。当然，保护性看跌期权需要支付一定的费用，就像巨灾保单一样，也需要投资。

中央银行投资黄金的原因与股票投资者购买保护性看跌期权的原因一致：将其作为应对极少发生的灾难性损失的保障。例如，当一国货币贬值时，其所持有的黄金多头头寸就会实现盈利，而且当其货币经历投机冲击时，黄金也可以在国际交易中转让。中央银行当然不希望发生类似的紧急情况，而是希望最好永远不需要以这种方式动用其所持有的黄金。然而就像火灾或交通事故一样，这些意外事件既是偶发的、戏剧性的、极具破坏性的，又是难以预测的。战争、恶性通货膨胀，以及与主要合作伙伴间的贸易冲突等意外情况一般极少发生，而一旦发生，黄金的对冲作用就体现出来了。

1991 年，印度就在黄金的保护下度过了经济危机。当时，在大规模财政赤字、出口放缓和经济不景气等因素的共同作用下，印度被拖入了经济危机的漩涡。就在印度政府想尽办法渡过难关之时，投资者纷纷逃离印度，并抛售手中的印度卢比。印度当时面临的信任危机很可能导致其经济彻底崩溃。为了进一步遏制危机，印度政府用自有的 47 吨黄金储备作为担保，从

IMF 和日本获得了一笔 22 亿美元的贷款，安全起见，这些黄金被空运至英格兰银行（Bank of England）保管。47 吨黄金相当于印度政府当时黄金储备总量的 70%。如果没有这张底牌，后果将不堪设想。幸运的是，印度政府拥有足够拿到贷款的黄金储备，但这也只够一轮融资。最终，故事的结局比较好：印度政府完成了换届，并进行了大刀阔斧的改革。由于印度的中央银行拥有黄金这种保护性看跌期权，危机虽然很严重，但并没有让印度的经济彻底崩盘。

导致印度 1991 年经济危机的关键因素之一就是大量的经常性账户（国际贸易）赤字和不可持续的政府巨额开支。存在类似问题的经济体不在少数，类似的危机肯定还会再次发生，这绝不是危言耸听。如果投资者对美元出现了信任危机，美联储拥有的黄金储备应该可以支撑美元的部分价值。虽然保护性看跌期权不能防止所有损失，但至少可以避免出现灾难性后果。能够导致此类危机的不确定性事件还有很多，这也充分印证了持有昂贵的黄金的必要性。随着全球经济的持续增长，越来越多的经济体将意识到自己要为应对重大未知事件未雨绸缪，我们相信这种趋势将不断推动黄金需求的增长。这是一个基本趋势，能够在投资组合中配置部分贵金属的长期投资者一定会获利。

中央银行

前面我们已经分析过为什么中央银行应当将黄金作为一种储备资产，以及为什么新兴市场的银行未来可能会增加黄金储备。然而，各国央行并不仅仅是黄金买家，也可能是最大的黄金卖家。虽然它们目前不会大量出售黄金，但对于那些试图预测这些巨头对市场的潜在影响的投资者而言，这一点至关重要。

除了美国和 IMF，其他的黄金巨头主要集中在西欧和英国。德国、法国和意大利三国的黄金储备加起来超过了美国的黄金储备，如果再加上瑞士、荷兰、葡萄牙、英国和欧洲中央银行（European Central Bank，ECB），它们的黄金储备总和超过了美国和 IMF 的黄金储备总和。黄金储备较少的中央银行有很多，它们中的任何一个都可能成为黄金市场上的净卖方，从而引起抛售并压低黄金价格。这不仅仅是试图预测黄金走势的投资者最关心的问题，也是其他国家中央银行所担心的风险。与追求利益的投资者不同，中央银行经常出于政治考虑进行市场活动，所以这些活动往往很难被理解和预测。为了解决这个问题，或者说至少在一定程度上解决这个问题，许多主要中央银行已经就出售多少黄金以及何时出售达成了协议。这些协议会在市场上公开，所以具有一定的透明度。

在所有此类协议中，最重要的是第三期《央行售金协定》，该协议涵盖了欧盟、瑞典、瑞士等国的中央银行和 IMF，有效期至 2014 年。该协议规定，各参与央行每年最多出售 400 吨黄金，主要目的是确保市场有能力吸收和消化这些银行出售的黄金，从而避免对金价造成巨大冲击。有趣的是，随着 2007—2008 年次贷危机的爆发以及随后两年里经济形势的恶化，各国中央银行对出售黄金的态度也发生了变化。根据上述协定（以及之前的两期协定），1999 年，它们出售了 400 吨黄金，2004 年飙升至 497 吨（当年的年度上限为 500 吨），而 2010 年又降至 20 吨。虽然这不是 2010 年的最终数据，但也没有超过最初的预测。

第三期《央行售金协定》提出了两个问题：（1）为什么10年前各国央行想要出售黄金，而现在又不想出售了呢？（2）为什么当初需要这样一个协定呢？

第一个问题的答案是，各央行的行长也会和普通投资者一样犯错，即在市场触底时卖出，在市场见顶时买入（或持有）。流动性危机不仅改变了投资者对于黄金作为一种价值贮藏手段的看法，而且也对央行行长产生了同样的影响。

第二个问题就更有趣了。制定该协定是因为当时各国中央银行纷纷在市场中出售黄金，导致金价迅速下跌。这不仅给其他仍将黄金作为必要储备资产的中央银行带来了冲击，而且也损害了持有大量黄金头寸的私人企业（比如一些大型银行）的利益。为了保护各方利益，阻止黄金抛售风潮进一步冲击市场，当时各国中央银行能做的就是对最大出售量达成一致，并在市场公布这一计划。这种做法是否对稳定市场起到了作用尚无定论，但第一期协定签署时，黄金价格达到了20年来的最低点，而且黄金熊市恰好走向终结，这似乎并不是巧合。与此同时，美联储也做出了美元贬值的战略决策。以上两个因素共同为黄金价格的长期上涨创造了完美的市场条件。

黄金市场上大量的潜在卖家是悬在黄金投资者头上的达摩克利斯之剑。我们相信，未来10至20年的经济形势是，各国中央银行为了让市场保持对货币的信心，必然需要大量的黄金储备头寸，当然也可能出现意外情况。黄金交易者应当密切关注大型官方投资者，并了解它们为什么以及如何买卖黄金。

国际货币基金组织（IMF）

令人稍感意外的是，IMF 是仅次于美国和德国、略微领先于法国和意大利的世界第三大黄金投资者。该组织肩负着多重使命，但最重要的使命是支撑国际汇率体系，向陷入困境的经济体发放贷款以及稳定国际市场。上述使命可以总结为一句话：重塑或恢复信心。至于这一使命能否通过人为干预来完成，我们不做评论。

迄今为止，我们的观点是，黄金储备头寸与市场对货币的信心程度成正比。当 1945 年 IMF 刚成立时，各国还普遍实行金本位制，而最初加入的成员国每年需要以黄金形式向该组织交纳年费，随着成员国数量的增加，该组织的资产也在增长。然而，除非卖掉黄金除了出售垡带来任何收益，否则黄金不会产生任何收入。于是在 2008 年 4 月，IMF 决定将其黄金储备的 1/8，即大约 400 吨黄金进行出售，以资助该组织后续的运作。这些黄金都被其他官方参与者（中央银行）买走了，因而这并没有打破黄金市场中各主要参与者之间的平衡。以这种方式转移黄金并没有增加供应，却对某些市场需求造成了实质性破坏，所以我们仍担心其影响。

为避免对黄金市场造成过度冲击，IMF 计划确保其黄金出售量不超过欧洲中央银行设定的每年 400 吨的上限，并承诺优先将黄金出售给其他官方投资者，而非私人投资者。该组织还承诺，尽快公开具体的销售情况，以便让其他市场参与者了解情况。到目前为止，这些黄金中有一半多一点出售给了官方买家（主要是印度）。2010 年，IMF 宣布在公开市场上出售剩下的一半黄金，目的是用所得资金为其贷款活动提供支持，并试图使其资产实现多元

化。千万不要天真地以为今天的 IMF 和 1944 年、1980 年或 1990 年的 IMF
是一样的，随着时间的推移，它的政策已经发生了巨大变化，而且它会不时
地以黄金大卖家的身份出现在黄金市场上。从 1976 年到 1980 年，IMF 以每
盎司 35 美元的价格向其成员国出售了自己 1/3 的黄金资产。我们并不是说
IMF 是黄金市场中的不可控因素，但该组织与其成员和其他市场参与者
的关系有些微妙。这意味着策略随时可能改变，可能会对黄金价格产生重大
影响。

正如我们上面讲到的，IMF 的黄金持有量的变化是其新融资策略的一
部分。由于 IMF 的借贷对象通常都存在高风险，因此想靠贷款的收益来维
持组织运行是不太现实的。这听上去似乎有违常理，但这正是 IMF 的使命
和宗旨的一部分。新的收入策略是先出售黄金筹集资金，再将其投资给增
长中的成熟经济体以获得收益，维持组织的运作，从而弥补其向不良经济体
提供贷款的损失。截至 2011 年，IMF 尚有大约 13 亿特别提款权（Special
Drawing Rights，SDRs）①的贷款处于逾期状态，我们当然期待这些投资活动
能最终取得成功。

实施上述策略并未出现太大的问题，因为黄金市场中的过度需求支撑了
金价，而且 IMF 一直在用销售黄金的收益购买大量美国、欧元区和日本政
府的短期债券。不得不说，当这些债券存在大量的资产泡沫时（2008—2010
年），这的确是一个很好的策略，而一旦泡沫突然破裂，IMF 的日子可能就
不好过了。我们无意评论 IMF（尽管这可能不难），而只是想让你了解黄金
市场中的另一个潜在风险。IMF 未来可能需要出售更多的黄金，但官方买家

---

① 国际货币基金组织特别提款权是 IMF 发放贷款时所使用的一种特殊货币，总额约为 20 亿美元。

毕竟有限，因此这些黄金就要进入市场。供应的增加可能会在短期内对黄金价格产生看跌影响。

　　这并不意味着当 IMF 需要出售更多黄金时，黄金价格必然会下跌，而只是意味着市场可能出现动荡，需要黄金投资者灵活地应对。我们认为，未来，市场对黄金持续增长的需求足以吸收 IMF 出售的大量黄金，但未雨绸缪肯定没什么坏处。在这一点上，我们认为 IMF 会提前公示其计划，以保证市场的透明度，保障黄金投资者的利益。

ETF 和黄金基金

　　黄金投资基金和 ETF 的规模庞大，虽然它们通常不会迅速地买入或卖出黄金，但它们仍然是黄金市场的主要参与者之一。如果你对它们没有什么概念，那么我们可以来看看 2010 年末的美国。当时美国财政部只持有不足 8133 吨黄金，而 SPRD 黄金 ETF（GLD）则持有 1299 吨黄金。换句话说，一只 ETF 的黄金持有量等于美国财政部黄金持有总量的 16%。GLD 是 ETF 和同类基金中规模最大的，也是我们将在本书中讨论的投资选项之一。虽然也有其他一些基金像 GLD 一样投资实物黄金，但规模无法与 GLD 同日而语。例如，iShares 黄金信托 ETF（IAU）也持有实物黄金，并与 GLD 一样跟踪黄金价格，但是它仅持有 86 吨黄金。我们将在本书后面介绍黄金投资产品的章节中讨论大部分受市场追捧的 ETF 的相对优势和劣势。

　　这些基金对黄金市场有着巨大的累积效应。随着个人和机构投资者的需求持续增长，他们会买入黄金和发行更多股份。这种买入会增加黄金的总需求，是金价上涨的原因之一。虽然越来越多的投资者仍然选择持有实物黄金，但黄金 ETF 越来越受欢迎，因为它们为投资者提供了简单、流动性好、低成本的资产获取途径，这种途径可能优于持有实物黄金，当然这要视投资者的风险承受能力而定。这是近年来黄金 ETF 越来越受追捧的主要原因之一。尽管黄金价格必然有起有落，但随着各种限制黄金投资的政策被逐步取消，大量投资者的买入需求给黄金市场带来了长期潜在的看涨动力。随着越来越多的中小投资者意识到有必要将黄金纳入自己的投资组合，以实现适当的多元化投资，黄金 ETF 和基金的规模还将继续增长。

黄金银行

黄金市场上活跃着众多的买家和卖家，未来它们中的一些可能会变得更活跃。如果所有事情都不发生变化，那么我们很容易从供给和需求角度来解读黄金市场，每年都有一定量的新生产的黄金入市。因此，如果货币波动相对温和，而且黄金需求大于新增供给，我们就可以推测出黄金价格将要上涨。

但在上述分析中，我们可能忽略了几个复杂因素。虽然它们对个人投资者（比如我们）而言无关紧要，也无法帮助我们更准确地预测黄金价格，但有一个因素是我们不能忽略的，即所谓的黄金银行。它们的参与会使市场变得有些玄幻，而且为了实现自身利益的最大化，它们会尽可能地掩盖行动，所以我们对其知之甚少。世界各主要中央银行和 IMF 都与这些私人企业有着密切的联系，而且作为伦敦黄金市场的清算会员，全球大部分黄金投资在某个时候都要经它们的手来完成。

任何一份黄金银行的名单中都少不了巴克莱资本（Barclay's Capital）、德意志银行（Deutsche Bank）、法国兴业银行（Société Générale）、汇丰银行（HSBC）、高盛集团（Goldman Sachs）、摩根大通（JPMorgan Chase Bank）、加拿大皇家银行（Royal Bank of Canada）、加拿大丰业银行（Bank of Nova Scotia）以及瑞银集团（UBS AG）。它们都是伦敦黄金市场的做市商，负责为大额黄金交易"定盘"①（这可能和你想象中的不太一样）。毫无疑问，这些银行和机构中满是聪明、自信的金融创新者，他们无惧风险。作为做市商，黄金银行为市场提供流动性的主要方法之一就是使用杠杆，而且是使用大量的杠杆。这可能也是黄金（作为终极避险投资产品）最难以启齿的秘密了。不过，我们并不了解其具体的操作过程。由于杠杆的存在，黄金供应都是成倍计算的，但是黄金银行通常不会公开这些信息。

下面，我们来谈谈黄金银行是如何运作的。假设有一家黄金银行想要在市场上出售 50 吨黄金，法国政府正好也愿意借给这家银行所需的黄金。这种交易在金融市场上是很常见的，做空股票时也经常这样做。出借黄金的中央银行将获得利息，黄金银行也将通过交易赚到钱，这简直是两全其美。但是当你明白黄金交易如何影响全球黄金供应时，你就会发现问题了。法国政府不会披露其出借行为，它的资产没有任何变化，而新的买家却会被计算在内，市场上突然出现了 100 吨黄金，但实际上只有 50 吨。

设想一下，如果类似的交易每天都在市场中进行数千次，会有多少黄金

---

① 定盘是指为汇率或商品在每日交易中制定一个正式的价格。——译者注

供应被双倍计算了呢？我们无从知晓，答案也许大大出乎我们的意料，也许只是敲响了警钟。美联储正面临压力，要求其通过披露更多信息来提高透明度，这其中就包括了其与主要黄金银行的交易。这可能是一件好事，我们也希望更加透明的趋势能够持续下去，因为这有助于我们更好地了解黄金市场中的杠杆是如何运作的。作为投资者，我们之所以想了解杠杆是如何运作的，是因为我们担心中央银行会向黄金银行出借过多黄金，以压低黄金价格、抬高货币价值，从而保持较低的利率。一直以来，中央银行都会干预资产市场，用抬高资产价格来实现其战略目的。不难想象，它们在黄金市场上也会做同样的事情。量化宽松只是美联储为了维持低利率、高国债价格策略的一个例子，它们也可以在黄金市场上做同样的事情。遗憾的是，我们还不清楚这个问题的严重性，恐怕只有时间才能告诉我们答案了。

除非黄金市场变得更加透明，否则我们无法知道黄金银行借了什么、借的条件是什么。但是从好的方面来讲，大多数交易者都认为，如果我们真的知道发生了什么，就意味着黄金的价值被低估，而不是高估了。虽然我们更愿意相信不确定性已经反映在市场上，但如果公开的供应量和实际的供应量之间存在较大差异，这可能就对金价有利。而这种不确定性的最大风险在于，潜伏在阴暗中的问题极有可能会导致一场巨大的经济危机。别忘了，2007—2008 年的信用违约互换（credit default swap，CDS）[①] 和次贷金融市场几乎将西方经济体拖到了全面崩溃的边缘。而黄金市场中的高杠杆也可能是压倒骆驼的最后那一根稻草，这绝不是什么危言耸听。

---

① 信用违约互换是国外债券市场中最常见的信用衍生产品。它实际上是买卖双方在一定期限内就指定的信用事件进行风险转换的一个合约，其中信用风险保护的买方在合约期限内或在信用事件发生前要定期向信用风险保护的卖方就某个参照实体的信用事件支付费用，以换取在信用事件真实发生后的赔付权利，从而有效规避信用风险。——译者注

个人投资者

每年，黄金总需求中不到一半来自珠宝首饰。当全球经济繁荣发展时，将黄金作为可自由支配的消费产品的需求就会增加，所以会推高黄金价格。然而，这种消费需求很难衡量，而且趋势也很难判断。个人或"散户"投资者既可以在银行购买黄金，也可以直接投资金币和金条。散户投资者在市场上异常活跃。截至 2010 年末，他们吸纳了近 1000 吨的黄金。2007 年次贷危机刚刚开始时，散户对黄金的需求已经很强劲。持续的量化宽松、供不应求的市场，以及赤字支出将促使个人投资者通过持有实物黄金寻求资产保护。我们将在本书有关投资产品的章节中探讨实物黄金市场上可行的投资选择。比起 ETF 和黄金期货，持有实物黄金对于资金有限和缺乏经验的投资者而言的确是十分昂贵和困难的，但这种潮流和投资需求会刺激创新，我们期待市场上会出现更多更好的产品。

黄金生产商

黄金生产商在市场中也扮演着重要的角色，稍后我们会将黄金公司作为投资机会来进行讨论，很明显，这些公司是新的黄金储备的供应者。当金价高时，黄金生产商才有动力扩大生产和维持产能，从而对市场的供应产生一定的影响。黄金生产商的发展一直相对稳定，而且自 21 世纪初，整个行业改变了其避险策略后，它们对黄金价格的影响大部分是积极的。

1999 年，欧洲各国中央银行在控制黄金的年销售量方面达成了一致意见，全球最大的几家黄金生产商开始改变其对冲未来金价风险的方式。这种改变的一个额外好处是，市场参与者对未来黄金价格走高更有信心了。黄金生产商对冲未来金价风险的方法本质上与增加市场供应没什么区别。当它们停止对冲时，市场供应减少，这有益于金价上涨。至于它们减少对冲操作的目的就稍显复杂了，也超出了本书关注的范畴，但重要的是，黄金生产商过去对市场的负面影响已经减少了。大部分交易商认为黄金生产商会一直以这种方式（而不是大规模对冲）运营下去，但即使情况发生变化，市场也会迅速做出反应，因为大部分黄金生产商都已经是上市公司，它们会被要求进行信息披露。

All about
Investing in Gold

第 3 章

黄金市场基本面分析

　　基本面分析通常用于分析股票市场，很少用于分析黄金和其他货币市场。股票市场的基本面分析师聚焦于特定公司的财务报表，而黄金分析师则关注宏观经济因素、政治稳定和其他竞争投资产品，以预测黄金价格。这种分析并不科学，因为你在使用当前的数据来预判未来，你不得不假设基本面分析的基本模型并不非常准确。任何分析方法都是如此，准确性问题只是我们作为投资者必须坦然面对的。

　　我们可以在本章中详细列出大量关于黄金市场基本面的内容，但根据我们的经验，给出的指标和分析越多，你的投资回报可能会越少。请记住，无论我们对黄金价格在昨天和今天出现如此走势的原因了解多少，我们都在使用基本面分析来预测未来，所以在提高预测的准确性方面，我们能做的只有这么多。这倒也没什么不好，因为这意味着在做出交易决定之前，你不用做太多功课了。由于黄金具有替代货币和避险投资的属性，因此我们认为，几乎所有能对市场供需产生重大影响的基本面因素都可以归纳为一个根本问题——投资者的恐惧。所谓"投资者"，我们指的是主要参与者和小型个体交易者（他们比你想的更相似），而"恐惧"则是指对经济增长、政治稳定、政府偿付能力和货币稳定性的信心（或缺乏信心）。

黄金并不像债券或股票那样能够为投资者带来收益，它的作用主要是避险或对冲极端风险。当投资者对市场信心高涨时，对冲型投资产品的表现并不好，但是当恐惧在市场上蔓延时，由于黄金就像应对重大未知因素的保险，它的表现往往会非常好。2007—2011年的全球金融危机就是市场环境变化的典型例子。由于美元疲软，以及2007年中发生的次贷危机使黄金价格迅速上涨，黄金市场已经进入了牛市。随着美国房地产和抵押贷款危机开始像病毒一样在全球传播，这种反弹势头越来越强劲。全球金融市场处于危机之中，有的市场甚至已经崩溃。这种不确定性是压倒性的，尽管当时美国的通货膨胀率（黄金的另一个基本面要素）相对较低，但黄金开始以越来越快的速度升值。

当前，全球金融市场一直在努力应对的问题仍十分严重，投资者没有任何历史先例或经验来指导他们未来的行动。这种不确定性对一些市场造成了严重影响，但可能对黄金价格非常有利，尤其是当恐惧集中在或者来自美国和日本等世界主要经济体的时候。如果类似情况出现在新兴市场或者某些小型成熟经济体，那么黄金价格不会有这样的反应。这是因为黄金作为一种对恐惧极为敏感和反映强烈的资产，容易受到泡沫和快速调整的影响。当导致最初不确定性的因素烟消云散、经济增长重回正轨时，黄金可能会进入新一轮熊市。从黄金多头的角度来看，信心大增不是什么好事。这就是我们将在本书中专门花些时间来讨论如何做才能保护自己免受黄金市场泡沫破裂的影响的原因之一。

1987年10月股市崩盘，以及随后1988年和1989年的黄金泡沫破裂事件就是这种信心和恐慌周而复始，及其如何影响黄金市场的一个经典例子。1987 年 10 月，美国股市创下了自 1941 年以来单日跌幅最大的纪录，然而更重要的是，在此之前，不确定性就已经越来越明显，恐慌已经开始在市场上蔓延。在崩盘前的几年里，美国和欧洲各国的通货膨胀率逐年上升。为了应对这种情况，美国开始快速加息，而完全没有顾及此举可能对同处困难时期的欧洲的经济造成进一步冲击，所以就有了美国与德国就如何更恰当地使用货币政策来解决问题展开了跨大西洋的争论。当全球最大的几个经济体开始公开讨论货币政策时，投资者就会心生恐惧。最终，利率上升和美元走强导致了 1987 年初美国和欧洲一些国家的债券市场的剧烈调整，恐慌及由此引发的混乱开始像病毒一样迅速扩散。

接下来发生的故事似乎顺理成章，恐慌蔓延到了股票市场。然而在此之前，恐惧已经推动金价上涨了 60% 以上。事实表明，这次崩盘是短暂的，1987 年底，美国的股票市场已经全面修复了前期的跌幅（勉强算是这样吧）。造成恐慌和崩盘的主要经济因素迅速消退，股票市场持续反弹，并于 1989 年 7 月创下新高。好消息是，黄金投资者享受了漫长的牛市，在 1987 年崩盘期间，这将带来巨大的多元化收益，但需要注意的是，黄金价格虽然在 1987 年底见顶，但在随后的近 18 个月里下跌了 30%。黄金价格在股市崩盘前的上涨充分说明，金价是判断股票市场是否即将出现大幅波动的先行指标。即便如此，许多投资者还是推迟了购买黄金的计划，直到崩盘后才出手，有的甚至在情况看起来最糟糕的时候才买入黄金。这一等就是 18 年，当市场对美国经济的信心再次受挫时，黄金价格才回归了 1987 年的水平。两年后，随着次级抵押贷款市场开始出现"泡沫"，黄金价格最终超过了 1987 年经通胀调整后的价格，长期黄金投资者开始真正获利。

1987 年的股灾堪称传奇，直到 2008 年，它一直都是重大市场动荡的比较基准。我们能够从那段历史中吸取很多教训，但也许我们最应该了解的是恐慌和信心对黄金价格的影响。每当投资者有对冲风险的需求时，在令他们忧心忡忡的资产变得更糟糕之前，黄金价格往往会上涨。黄金和恐慌的关系是一种非常有效的先行指标。当我们审视黄金市场的基本面时，我们要寻找投资者恐慌和有信心的共同点，你会发现，"这一事件是会加剧恐慌，还是会增强信心"这个问题对理解黄金如何以及为何对经济基本面敏感非常有帮助。

在我们深入研究那些导致投资者恐惧和有信心的因素之前，我们应该讨论一下隐藏在这种分歧中的一个陷阱。当我们谈到投资者的恐惧时，我们指的并不是你的恐惧。我们只是市场中的一员，我们对黄金、通货膨胀或货币政策的看法不会对金价产生任何影响。如果你对某种货币的前景非常悲观，但市场却不这么认为，那么你肯定输了。无论你有何种政治倾向，或者你认为你的分析有多全面，只要市场不认可你的观点，你就无法获利。虽然这听上去有些奇怪，但理解你认为市场上应该发生的事与实际发生的事之间存在差异至关重要。从长远看，适当的多元化投资组合以及对自己的分析持怀疑态度，是你从黄金市场中获利更多的关键。

五个基本面要素

以下是我们认为能够左右投资者的情绪，进而影响黄金价格的五个基本面因素。

通货膨胀

通货膨胀确实会影响黄金价格，只不过和你理解的不太一样。许多黄金投资新手认为，如果美国出现通货膨胀，那么黄金应该会升值，因为购买 1 盎司黄金需要更多的美元。尽管如此，但从长期来看，通货膨胀和黄金价格之间并不存在很强的相关性。我们认为有两个根本原因：第一，黄金不是石油或钢铁那样的消费品，所以它对购买力的反应与其他商品不同；第二，当经济持续增长时，通货膨胀率往往也最高，此时黄金不得不和其他金融产品争夺投资资金。

人们对导致通货膨胀的真实原因尚且存在争议，有许多不同的因素在起作用，但我们可以假设，它在很大程度上与货币供应增加息息相关。在金本位制度下如此，在当前全球法定或无担保货币体系下更是如此。大多数中央银行都认同这样一种理论，即温和的通货膨胀对经济是有益的，因为它会刺激投资，减轻债务负担。因此，随着时间的推移，增加货币供应量，并维持合理的通货膨胀率是"正常的"。图 3-1 向我们展示了 1980—2010 年这 30 年间消费者价格指数（consumer price index，CPI）与现货黄金价格的关系。我们可以从图 3-1 中看出，这段时期，美国的通货膨胀趋势平稳，这和市场预期美联储意图将年度通货膨胀率控制在最低的目标相一致。与此同时，我们也看出，黄金价格和 CPI 之间并不存在显著的相关性，而正如我们之前所述，黄金价值与货币价值之间存在相关性。

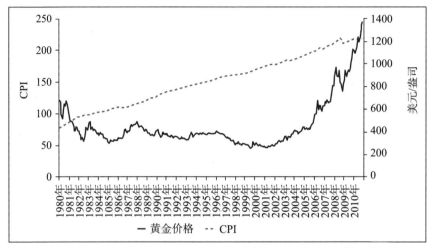

图 3-1　1980 年 1 月—2010 年 12 月现货黄金价格与 CPI 的关系

数据来源：世界黄金协会、美国圣路易斯联邦储备银行。

通货膨胀和经济增长往往同时出现，只要通货膨胀没有引起恐慌，黄金价格就可能保持平稳。在这种情况下，黄金投资者极易陷入价值陷阱[①]。拥有更高预期收益率的股票、债券和其他大宗商品将吸引更多的资金，而对黄金的需求则可能会疲软；相反，黄金价格有时会在通货紧缩（通货膨胀率下降）时期（如 2008—2010 年）上涨，这似乎有悖常理，但黄金价格与通货膨胀之间的这种负相关关系可能会持续很长一段时间。

有效区分"正常"的通胀、高通胀以及恶性通胀是至关重要的。我们可以假设，如果通胀超出了正常水平，那么恐慌情绪就会上升，黄金价格就会如我们预期的那样开始攀升。20 世纪 70 年代末和 80 年代初，美国经历了一次极为严重的滞胀：经济增长停滞和极端的通胀率并存。随后，黄金兑美

---

① 价值陷阱是指这样一种情况，投资者虽然买入了低价资产，但持有后却发现该资产的价格持续保持平稳甚至还有下降。——译者注

元汇率创下历史新高。事实上，如果你考虑通货膨胀的因素，对 1980 年初的黄金价格进行调整，你就会发现黄金价格从未像当时那样高。这些都说明了极端恐慌和过度通胀对黄金价格造成的影响。

决定通货膨胀引起黄金价格上涨的潜在因素是投资者的信心。如果通货膨胀发生在经济持续向好和市场信心高涨的时期，那么黄金投资相对没那么有吸引力；然而，如果在信心不足、恐慌情绪蔓延的环境下，通胀率非常高，那么黄金价格可能会迅速上涨。总之，通货膨胀是影响黄金价格的因素之一，但并不是所有类型的通货膨胀都对黄金价格有相同的影响。在温和通货膨胀的大环境下，如果黄金必须与其他具有更高收益率的投资标的竞争，那么它不太可能表现得很好；但反过来，如果通胀率过高或者预计在短期内将非常高，同时经济增长又停滞不前，那么黄金就会发挥它的优势，为投资者带来可观的收益。

汇率波动

我们之所以将汇率波动放在通货膨胀之后，是因为人们经常混淆这两个完全不同的概念。每天我们都会在网络上或者面对面地与大量来自世界各地的读者交流，通过他们的提问，我们发现很多人都将国际货币市场上的货币贬值和货币通胀搞混了。汇率波动描述的是一种货币（如美元）与其他全球货币或一篮子全球货币之间的关系。如果美元兑日元贬值，那么这并不意味着美元在贬值，也不意味着货币贬值是一件坏事。

我们认为，美国投资者和消费者之所以经常误以为美元在国际货币市场上走弱是一件坏事，是因为我们使用了"疲软""看跌"或"下跌"等带有负面含义的词语来描述货币走势，但是在货币市场中，这些词语的含义与它们在股票和债券市场中的含义是截然不同的。例如，巴西、日本等商业经济体（依赖巨额贸易顺差的经济体）非常希望货币疲软，它们会积极操纵市场以达到这样的目的。

正如国际市场上的货币走弱并不意味着通货膨胀正在发生一样，货币在全球市场上走强并不意味着经济正在经历通货紧缩。由于黄金（在很大程度上）具有货币的属性，因此从长期看，汇率波动对黄金价值的确有影响。如果美元兑其他主要储备货币走弱，那我们几乎可以肯定的是，黄金价格将同时上涨。与美元和欧元一样，黄金也是一种储备货币，对汇率的变化极为敏感，这可能就会使那些预计全球通胀率将在未来几年内居高不下的黄金投资者面临一定的风险。如果美国以外的国家的通胀水平高于美国国内，那么资金将再次涌向以美元计价的资产，这将促使美元走强，从而抑制黄金价格。

图 3-2 很好地展示了美元走软对黄金价格的影响。2000 年，美联储在艾伦·格林斯潘（Alan Greenspan）的领导下，通过将利率降至历史标准以下来改善美国经济的流动性。此举的目的在于尽量弱化正在出现的衰退的影响，并维持充分就业，这也正是美联储的双重使命之一[①]。利率下降和股票市场下跌使美元进入了长期的下行通道。图 3-2 中的"美元指数"衡量的是美元对一篮子其他全球货币的价值，"篮子"中主要有欧元、日元和英镑，还有少数几种其他全球货币。随着美元因美国国内的低收益率（利率）和国际市场上的高利率而走弱，黄金价格开始反弹。1999—2001 年是黄金市场的

① 美联储一直有明确的"双重使命"，即促进充分就业和维持通胀稳定。——译者注

一个重要的十字路口。在后面的章节中，我们会深入分析为什么从基本面来看，那三年中发生的事件如此重要，以及为什么这些基本面因素时至今日仍未发生变化。

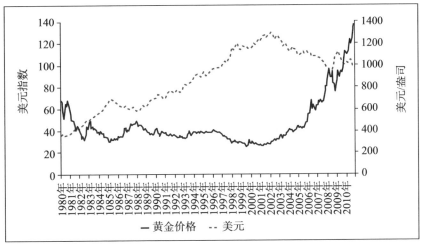

图 3-2　1980 年 1 月—2010 年 12 月现货黄金价格与美元指数的走势

数据来源：美联储。

那段时间，黄金经历了一个非常重要的牛市，这从根本上改变了黄金的未来。黄金牛市出现得正好：美国的投资者在股票市场持有超大规模的风险敞口，并且在互联网泡沫破裂后的熊市中遭到了重创；与此同时，网上交易和账户管理让更多的投资者能够掌控自己的投资，并轻松进入黄金市场。这些此前从未出现过的情况进一步刺激了比其他情况下更多的市场需求。投资者比以往任何时候都更加需要多元化投资，而黄金作为一种资产，终于可以真正成为多元化投资的一部分，而且越来越受青睐。随着小投资者对黄金投资的需求持续增长以及更多产品进入市场，此轮黄金牛市推动着黄金价格持续上涨。

如果美元兑全球货币继续走弱，那么这将对黄金价格带来非常积极的影响。当时，为改善信贷流动性和刺激新的投资，美联储致力于增加美元供应。自2008年以来，美国创造的货币量是历史上其他任何时期都无法比拟的。就在我们写这本书时，美联储在第二轮所谓的量化宽松中再次投放了6000亿美元，这是自2007年投放上万亿美元之后的又一次投放。可以肯定，这些举措会导致美元在国际市场上继续走弱。

我们也要记住，并不是只有美国采取了这种极端措施，欧元区也在为解决严重的主权债务问题而大幅增加货币供应，以避免违约。这种混乱和其他新出现的问题可能导致全球金融市场的第二次崩溃，而这种崩溃会破坏美元走弱的趋势，因为许多投资者会寻求以美元计价的资产的庇护。虽然动荡只是暂时的，但我们依然要保持灵活。毕竟，世事难料。

全球风险贴现水平

对投资者而言，战争和战争的威胁是仅次于金融市场动荡的不确定性的最重要来源。由于黄金可以作为避险投资产品，因此它往往在投资者极度恐惧之时表现得最好，而战争肯定会创造这种市场条件。战争还与其他推高物价的因素息息相关，包括过度支出、印钞、政治动荡和货币危机。战争和战争的威胁会对你的投资组合产生重大影响，这就需要你采取一些行动。

就在我们写本书时，朝鲜和韩国的紧张局势是全球各大主流媒体的头版头条。图3-3显示了这种紧张局势对黄金价格的影响。寻求庇护或避险的投资者在欧洲债务问题中断这一趋势之前，就将黄金价格推至历史新高（以绝对美元计算）。在黄金交易者等待以某种方式解决问题时，市场仍然暗潮涌动。

图 3-3　2010 年 8 月—2010 年 12 月现货黄金价格的日线图

数据来源：MetaStock。

2001 年底美国入侵阿富汗后，黄金的长期熊市就结束了，这绝不是巧合。2003 年，美军入侵伊拉克后，黄金价格加速上涨。从很多方面来看，这对黄金投资者而言都是一场"完美风暴"。与长期战争相关的支出对一种货币来说极具稀释性，再加上低利率环境和全球主要中央银行的黄金限售协议，黄金价格在随后触及历史新高似乎是不可避免的。并非所有的战争或战争威胁都对黄金市场有相同的影响。直接牵涉美国、日本等国以及欧洲一些国家的战争将比牵涉较小经济体的战争产生更大的影响。而一场旷日持久的战争也可能对黄金价格产生更大的影响。例如，尽管第一次海湾战争导致金价在 1990 年小幅上涨，但其影响范围有限（相较于多年后的阿富汗战争和伊拉克战争），这导致投资者在很短时间内抛售黄金作为避险投资。

利率

虽然我们曾提到，黄金作为一种无收益率资产对利率相当敏感，但这并非完全正确。出租黄金可以获得相应的回报，大额黄金存款有时也会有利息，但个人投资者不太可能有能够产生可观收益的大笔存款。个人投资者最好不要期望从黄金投资中获得收益；对大多数交易者而言，交易本身还需要投入不菲的资金。这意味着黄金对债券，甚至有股息的股票等提供潜在收益的另类资产非常敏感。除非存在其他冲抵的因素，否则在经济向好时，债券市场的高收益率可能对黄金价格产生长期的看跌影响。

10 年期美国国债的收益率位于收益率曲线的中间位置，与房地产市场和国民经济密切相关，并且流动性很强，所以可以作为你在进行分析时不错的利率基准。图 3–4 展示了 2008—2010 年间该债券的收益率与黄金价格的对比。尽管这种关系并不完美，但我们可以看到两者间显著的负相关。当收益率上升时，黄金价格的走势很可能会趋于平缓甚至下跌；反之，收益率下降往往会导致黄金价格出现波动。

除了收益率方面的作用，这种关系的存在还因为政府债券和高等级公司债券（尤其是美国国债）在不确定性增加时和恐慌时期也属于避险投资。当投资者将债券作为一种价值储存手段时，这会推高其价格，压低其收益率。当 10 年期美国国债的收益率在 2008 年 11 月突破长期支撑位后，黄金市场迅速做出了反应，黄金价格在随后的两年内几乎翻了一番。黄金和收益率之间这种市场间关系既可以为短线交易者提供非常准确的交易信号，也可以为

长期投资者提供有利的进场时机。例如，为冲抵 21 世纪初经济衰退造成的
影响，美联储将利率压得很低，这导致长期投资者逐步从低收益债券转向黄
金，以实现多元化投资。从那时起，10 年期美国国债的收益率下降了一半，
实际收益率（剔除通货膨胀因素）非常接近于 0，由此开启了黄金价格之后
10 年的黄金时代。

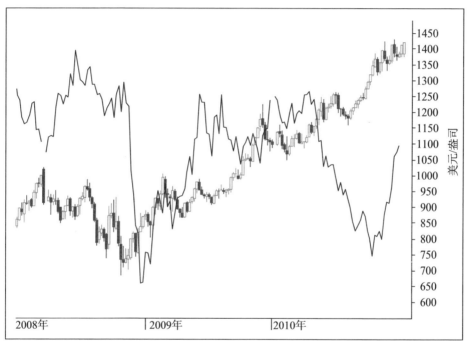

图 3-4　2009 年 1 月—2010 年 12 月现货黄金价格（K 线）与 10 年期美国国债收益率指数
（实线）的周线图

数据来源：MetaStock。

　　请记住，即使在低增长或负增长的经济环境中，收益率或利率也可能出
现未预期到的上升。虽然这种情况比较少见，但我们依然不能忽视这种可能
性。在上述市场中，黄金市场的反应可能并不会像我们预期的那样。1980

年，低增长和高利率实际上导致黄金价格达到了历史新高（经通胀调整后）；然而，在 1981 年和 1982 年，类似的情况却伴随着黄金价格的大幅下跌。2011 年的市场情况虽与 1980—1983 年的不同，却很好地说明当利率上升而经济增长持平或为负增长时，我们很难准确预测黄金的走势。如果你想进一步了解这种特殊关系，那么我们强烈建议你访问圣路易斯联邦储备银行的官方网站，查阅其经济研究工具——美联储经济数据库（Federal Reserve Economic Data，FRED）。

黄金的供需关系

黄金市场上的供需力量有点让人看不懂。如果黄金市场上的主要供给来源更加分散，那么这个问题就没那么复杂了。但正如之前所述，包括各国中央银行、IMF 和主要基金在内的大型黄金投资者都能对黄金市场产生非常集中的影响。这些主要供给来源的影响有时会超过市场对黄金首饰和投资的需求。这些大型投资者也可能会有很大的需求，此时就会出现供不应求的现象，削弱他们对私人部门的投资热情。作为一名基本面分析师，你需要对这些投资者以及他们将在未来几年对黄金市场产生什么影响做出某些假设。我们认为，这些大型黄金交易者（如个人交易者）将需要购买金条作为资产，以实现多元化投资，这将使他们处于需求一方。我们仍要密切关注潜在的变化。

对黄金的大部分需求相对均匀地分布在投资和珠宝行业之间。过去，珠宝在需求中所占的比例要比投资高得多，但目前两者已接近持平。世界黄金协会预计，到 2010 年底，全球黄金年需求量将超过 3700 吨，其中 1311 吨（占总量的 35%）用于黄金投资，约 2000 吨（占总量的 54%）来自珠宝首饰。西方经济体对黄金的需求一直很强，而来自印度和中国的需求也在大幅增长。例如，2010 年三季度，印度对黄金首饰的需求比去年同期增长了36%，与 2009 年同期相比，涨幅超过了 62%[①]。我们认为，只要该地区经济继续保持强劲势头，这一趋势就会一直保持下去。相似的情况也持续出现在一些新兴市场国家。

随着印度等国经济实力的不断增强，我们预计它们将成为投资、储备和珠宝的黄金净买家。在 2008—2010 年实施的几轮量化宽松和债务货币化政策的影响下，美元似乎已不太可能恢复 20 世纪 90 年代和 21 世纪初的地位，这将保护黄金在上述市场中作为避险投资而免受竞争。美元的上涨和疲软将给黄金市场的需求端带来长期压力。经济增长还会促使更多个人黄金买家购买珠宝和进行投资。另外，虽然发达国家和新兴市场的经济增长加快必然会带动黄金的工业需求，但黄金价格不太可能对市场那一端的变化那么敏感。

一个好的黄金投资者必须意识到黄金市场供需两端的潜在变化。官方机构与私人部门观点的潜在转变并非坏事，因为它们往往会支持长期趋势，而这种趋势可能对市场上行或下行产生影响。能否在黄金市场中取得成功，部分取决于投资者是否愿意灵活、积极地应对基本面因素的重大变化。

---

① 　数据来源：世界黄金协会于 2010 年第三季度发布的《黄金需求趋势报告》。

第 4 章

劣质黄金投资标的

　　在我们开始深入探讨具体的黄金投资策略之前，我们想先花点时间聊一聊我们推荐和不推荐的黄金投资产品。我们将从劣质产品开始。作为财经作家和投资经理，我们从读者那里收到了许多反馈和信件，其中最激烈的反馈来自那些为骗局或劣质产品辩护的投资者。我们不知道他们是患上了斯德哥尔摩综合征还是一厢情愿，但一个可悲且残酷的事实是，黄金市场上确实有许多骗局。我们归入此类的一些产品从严格的意义上说并不违法，但它们已经糟糕到足以让我们称它们为骗局。

　　幸运的是，市场上也有大量优质的投资产品可供投资者选择，为短期和长期投资者在黄金上实现多元化投资创造了机会。接下来的两章将帮助你了解现有可选产品之间的差异，并基于投资者不同的投资目标和个人偏好解释为什么一种产品可能比另一种更可取。我们无法面面俱到，但希望能尽量详细地说明某种产品的优劣，以便你能用相同的方法来审视你可能正在考虑的其他产品。在购买黄金投资产品之前，请务必自己做研究，因为这些产品的风险特征、费用和结构可能会不断变化。在你决定将一种投资产品纳入自己的投资组合之前，你应当对这种产品有全面且清晰的认识。

还有一点需要注意的是，有一些产品不属于我们即将讨论的三类产品中的任何一类。掉期、远期、黄金存款，以及其他机构级投资产品可能不适合个人投资者。

"嗨，伙计，想买点金币吗？"——小心上当

我们前面提到过，有些投资者或许对这部分内容有异议。下面提到的部分产品虽然可能不是骗局，但是我们觉得销售和营销它们的方式和方法对个人投资者有很强的误导性。投资者之所以对此有异议，是因为他们非常愿意相信骗局。在某种程度上，我们也理解这一点，但所有受害者迟早（当然最好更早点）都能看清真相。

当黄金价格不断上涨时，随着市场升温，投资者可以赚到很多钱。在一个不断增长的市场中，许多投资者开始有紧迫感，他们觉得自己需要做点什么，但又不确定该从何处下手。骗子正是利用了投资者的这种紧迫感和害怕错失良机的焦虑，向他们兜售一些劣质投资产品或直接骗光他们的钱。黄金市场并不是唯一存在这种情况的市场，黄金投资骗局的诸多典型特征也常见于一般的投资骗局。由于黄金市场中的骗局太多了，我们根本无法一一列举，因此我们将讨论限定在两个主题上：（1）最常见的骗局类型；（2）几乎所有投资骗局的共同特征。虽然我们已经就这两个主题写了很多文章，但我们认为还不够，因为骗子喜欢把目标锁定为那些不了解产品就直接下手或不能很好地保护自己的个人投资者。

预付款骗局

大部分交易者都听说过所谓的尼日利亚骗局[①]。这类骗局有很多不同的版本，比我们日常看到的垃圾邮件要复杂得多。大多数情况下，这种骗局都会涉及大宗黄金交易，而骗子只需要一小笔酒店房费和/或你的一个美元账户。在我们写这本书的时候，就有这样一封信堂而皇之地出现在了我们办公室的信箱中，这让我们有点惊讶。很明显，这是个骗局，但骗子使用的纸张、信封和言辞的质量都出奇地高，非常有迷惑性。我们怀疑骗子在美国购买了一份订阅了投资杂志或资讯的人员的名单（我们也在其中），然后群发信件，看看是否有人上当。我们的目标是确保你能识别这类黄金投资骗局，即使你还没有收到过类似的邮件或信件。

有一次，在我们发表了一篇关于这类黄金投资骗局的文章后，我们收到了一位读者的来信，信的内容让我们颇为吃惊。她收到了一封来自"失散多年的亲戚"的信件，对方声称自己当时正在美军驻伊拉克部队中服役。这位"亲戚"当时住在某位前任政客的房子里，无意中发现了一批价值数百万美元的金条，但如果没有人出钱帮忙，他就无法将这些金条运出来。信中还有黄金、这位"亲戚"和周围环境的照片。这位"亲戚"声称是另一位不愿透露姓名的家庭成员介绍的。所有的一切都极具说服力，照片也毫无破绽。当然，我们的读者心生怀疑，并联系了有关部门，最终被告知这是最新的骗局，是一个彻头彻尾的骗局。

预付款骗局的关键特征是要求你提前支付部分交易款项。骗子先做出承

---

① 尼日利亚骗局又称尼日利亚陷阱、419 骗局，是从 20 世纪 80 年代开始流行的一种行骗手法，因源于尼日利亚而得名。——译者注

诺，然后在实际交易完成前声称需要某种经济上的帮助，这可能涉及使用你的银行账户或信用卡，或者以某种形式转账。这里我们主要介绍的是相对极端的骗局，但在实际生活中，预付款骗局往往更隐蔽（如自动交易软件和所谓的网络礼品等）。幸运的是，黄金市场流动性很高，这意味着不需要提前支付佣金，你就可以开始投资了。

高收益投资计划

所谓的高收益投资计划（high-yield investment program，HYIP）实际上与金字塔骗局①没什么区别。从本质上讲，每一个新加入的投资者都通过该计划"投资"黄金，他们获得的收益则取决于资产的表现和骗子招募到的新加入的"投资者"的数量。显然，这类骗局基本上很快就会露出马脚，但在此之前，你可能已经失去了很多钱财和朋友。这类骗局有很多版本，都声称可以在经济上帮助你的朋友和家人，所以在俱乐部等社会关系较为紧密的社会组织中尤其常见。

一个真正的金字塔骗局通常有复杂的入伙流程，并依靠人际关系来募集新资金。显然，这些骗局没有经过正规的审核，人们也无法核验该组织实际拥有多少资产。我们所见过的黄金投资金字塔骗局通常根本没有任何黄金，而只有承诺。我们建议，对于美国的投资者而言，在投资黄金基金或做出投资决策之前一定要做尽职调查，向美国全国期货协会（National Futures Association，NFA）、美国金融业监管局（Financial Industry Regulatory Authority，FINRA）和美国证券交易委员会（Securities and Exchange

---

① 金字塔骗局也被称为层压式推销或层压式传销，其运作规则是将后一批投资者的入局资金支付给前一批投资者作为投资的利润，以此循环往复。——译者注

Commission，SEC）核实一下相关信息。我们将在后面更详细地介绍如何完成这项工作。

自动交易程序和系统

当我们讨论场外（over-the-counter，OTC）黄金交易商时，我们将再次介绍自动交易程序和系统，并解释为什么黄金投资者目前应尽可能回避这些公司。除了我们将在后面详细介绍的缺陷之外，场外交易商是自动交易骗局者用来窃取他人钱财的工具。骗子会告诉你，如果你为自己的交易账户订阅了他们的自动交易服务，那么他们就能够在你的账户内自动执行交易，而且他们还会承诺利润惊人。但一句也别信。

这类骗局利用的是大型场外交易商使用的最主流交易软件的可编程性。目前，市场上大多数场外黄金交易商使用的在线交易平台是俄罗斯迈达克（MetaQuotes）公司开发的一款名为 MetaTrader 的产品。表面上看，这款软件的功能非常强大，不但可以提高交易效率，而且能帮助有经验的投资者在无法更改投资组合时对其进行调整。同样，这也为骗子操纵你的账户提供了便利条件，结果就是他们获利，你承担损失。骗子并不能直接访问你的账户，他们通常会让你在你的交易软件上安装一个程序，该程序将根据来自骗子账户或交易系统的"信号"执行交易。有时，除了骗子对自动交易服务收取费用以外，场外交易商还会根据受害者的交易数量向骗子支付佣金。正如你想到的那样，骗子就是要尽可能频繁地倒腾你的账户，拿走佣金，然后开溜。

虽然这类骗局看上去令人匪夷所思，但在股票和期权市场上也有类似的自动交易程序。对于交易新手而言，这些程序看起来都很可靠，通常有看似合规的对账单、交易记录和其他证明作为背书。由于骗子的所作所为在技术上是合法的（原因过于复杂，已超出本书范畴，在此不再赘述），因此受害者对骗子或场外黄金交易商没有追索权。在大多数情况下，这类骗局还是比较容易识别的。如果你发现某个程序或交易系统标榜其可以通过短期交易赚取高额回报，那么你基本可以判定这是一个自动交易骗局，它所承诺的回报永远无法实现。一般来说，如果你无法准确地知道某个交易系统的盈利模式，你都应选择回避。投资并没有那么复杂，合理的策略应该相对易于理解。

假黄金

这种类型的骗局很简单：骗子以低于市场的价格出售金币、金条或金粉。他们有很多借口来解释为什么他们拥有这么多便宜的黄金，但遗憾的是，这些黄金制品可能都是假的。大多数小投资者在购买金条前并不会验货，因为他们买的少，而验货的成本高，很不划算。骗子深谙这一点，所以他们会进行很多小额交易，然后卷钱跑路。一般来说，如果你有机会以明显低于市场价格的价格购买黄金，那么十有八九是有人在欺骗你购买假货。

这类骗局通常是通过邮件完成的，也正因如此，你在购买之前是无法验货的。我们并不是反对投资实物黄金，重要的是，你可以亲自到当地信誉良好的交易商处完成购买，至少这种购买方式可以省去部分运输成本，而且面对面交易也意味着你能够向其他交易商核实情况，以确保自己不会被骗。

场外黄金公司或私人金矿

在本书中，我们将介绍购买已上市的黄金生产商和矿业公司的股票，作为黄金投资的替代方案和有益补充。这是一种适合大部分投资者风险状况和利益的策略，但它不适用于那些声称"随时都能挖到一个大金矿"的小型私人企业，以及从技术上看已经"上市"，但并未在证券交易所挂牌的公司。许多投资者都知道这些公司是空壳公司、反向并购公司、粉单市场（pink sheet）[①] 中的公司或者低价股公司。这些公司的信息披露和监管程序与真正的上市公司有很大的不同。

这类投资骗局通常基于这样一种理念：你要从底层市场开始投资。此言不假，只可惜大多数这样的公司只会纸上谈兵，没有执行能力，而且可能会对你说谎。越美的东西越不真实，你没必要太上心。有一些相对激进的融资公司愿意支持一家拥有合法金矿资源的小型矿业公司。小公司没有理由承担额外的费用和责任来寻找小型个人投资者以支持自己，除非经常进行这类融资的大型投资者知道该公司没有什么好前景。正是因为大公司拒绝了这些小公司，它们才将目标锁定为小型个人投资者。你应该能知道，这类公司找到黄金或增加产量的可能性有多大。

庞氏骗局

大部分投资者对庞氏骗局都不会感到陌生。伯纳德·麦道夫在 2009 年就是因为用这种方法从投资者手中骗取了 650 亿美元而锒铛入狱。从根本上

---

① 粉单市场的功能就是为那些选择不在美国证券交易所或 NASDAQ 挂牌上市或者不满足挂牌上市条件的股票提供交易流通的报价服务。——译者注

说，这种骗局是通过向你承诺获得高于市场平均水平的回报引诱你投资黄金基金，这些回报可能归功于基金经理的投资技巧或者进入黄金市场的绝佳机会，但在幕后，骗子可能根本没有进行任何投资。只要新资金注入该基金的速度快于原有投资者和基金经理的撤退速度，该基金就能存活下来。

骗局总有被揭穿的一天，只是揭穿这类骗局可能需要很长时间。在麦道夫一案中，骗局可能从 20 世纪 90 年代中期的某个时间点开始，持续了近 15 年。根据我们的经验，庞氏骗局是黄金市场上第二常见的骗局类型，仅次于投资场外黄金公司。如果一个庞氏骗局伪装得足够好，正好又赶上市场在一段时期内保持看涨，那么它可能将持续运作很长一段时间。我们相信，目前有许多庞氏骗局尚未被揭穿。

如何识别骗局

虽然现实生活中的骗局可能要比我们知道的多得多，但这些骗局都有一些共同的特征。我们已经写过很多介绍这些特征的文章，但令我们颇感意外的是，仍有很多个人投资者在来信和电子邮件中询问某个投资骗局是否可能是个例外。一个特定的骗局可能不会同时具备以下所有特征，但可能具备大多数特征，其中任何一个特征都足以让我们对其说"不"。

投资骗局如此常见的一个原因就是，投资者愿意相信他们所听到的表述和承诺是真实的。有时，这种相信的冲动是非常强烈的，以至于在骗子被绳之以法之后，受害者还在为他们辩护。美国证券交易委员会在 2009 年报告了一个案例，一位黄金交易庞氏骗局的受害人要求法官允许骗子继续从事交易工作。显然，尽管这些受害者知道自己被骗走了很多钱，但他们仍笃信骗子能帮他们把钱赚回来，甚至盈利。

专业或特殊技能

我们通常把这些人称为"圣殿的大祭司"，意思就是只有他们有能力与黄金市场中的"神灵"交流。骗子总是能以某种方式得到其他人不知道的内部消息或者独家消息。他们不能或不愿意分享这些信息的具体细节，以向受害者传递一种紧迫感，好让他们乖乖交出钱财。这听上去有点老生常谈，但是可别不当回事，几千年来，那些追逐权力和财富的人一直在使用这种方法得到他们想要的东西且无往不胜。

异常高且均匀的收益

关于金融市场，有一个令人烦恼却无法回避的事实：风险和回报是成正比的。如果你希望日复一日、年复一年地获得均衡的回报，那么这种回报可能不会太高；相反，如果你希望获得可观的回报，那么这种回报很可能是不均衡的，你甚至很可能面临较大亏损。大多数投资者都明白这个道理，所以更愿意选择某种中庸之路——将现金存入银行的同时，又想在价外黄金看涨期权上赌一把。

这种均衡肯定不会令人满意，甚至可能令人沮丧，因为大多数投资者都希望有高回报。如果这时一个骗子承诺他可以获得高回报，有些投资者就会愿意相信他。历史上一些最成功的骗局实际上并没有承诺高得离谱的回报；相反，承诺的回报只是足以引起目标人群的兴趣，而不会太显眼。这些高于平均水平的回报几乎总是伴有一个承诺：它们会异常均匀。

这正是伯纳德·麦道夫骗局的运作之道。在麦道夫被发现参与债券交易庞氏骗局的前几年，就有几个人向美国证券交易委员会举报过。当时，举报人并没有认为麦道夫是个巨骗，这只是进行一场数字游戏，可美国证券交易委员会甚至懒得听。这些举报人中最著名的当属哈里·马科波洛斯（Harry Markopolos）了，他写了一本关于他亲身经历的书[①]。如果你想了解更多关于最聪明的骗子是如何逍遥法外如此之久的，我们建议你读一读这本书。

限时特惠

限时特惠或其他一些看似稀缺的条款也是骗子惯用的伎俩之一。这会导致投资者仓促做出能够帮助骗子实现利益最大化的决策。制造紧迫感是销售人员和骗子的常用策略之一，毕竟将产品（真诚或虚伪地）销售出去是他们的首要目标。几年来，我们一直在密切关注着一起网络投资骗局。自 2004 年以来，该骗局一直为前 100 位买家提供自动交易程序。骗子要么是没有卖出那么多会员，要么就是在撒谎，以制造紧迫感罢了。

华尔街大亨

这是关于"这些东西'他们'是不会告诉你的"的骗局。这类骗局有几个不同的流行版本，通常会承诺告诉你华尔街投资大佬（如沃伦·巴菲特和比尔·盖茨）的赚钱秘籍。几年前有一种骗局红极一时，内容是关于比

---

① 哈里·马科波洛斯是美国知名财务专家，也是麦道夫案的"吹哨人"。文中提到的这本书是《金融诈骗拍案惊奇：可惜无人倾听》（*A True Financial Thriller: No One Would Listen*）。——译者注

尔·克林顿和迈克尔·布隆伯格（Michael Bloomberg）等知名人士是如何通过投资金币致富的。骗子会告诉你，华尔街的那些成功投资者是通过投资金币和利用某个神秘的税收制度漏洞来逃避对其收入征税而获得了巨额财富，而你只需花很少的钱就能学会这些"秘籍"。

这些故事在很大程度上都是虚构的。金融市场的一个优点在于，虽然它并不完整，但透明度很高。你只需要付出一点来努力工作和研究，就能弄清楚专业人士知道什么。无论如何，大型基金的基金经理向其潜在投资者隐瞒信息都不符合他们的最佳利益。

以上就是黄金投资骗局的一些共同特征。遗憾的是，在许多合法公司的投资产品推介资料中，我们有时也会看到这些特征。如果你稍微深入研究一下这些"合规"产品，就会发现它们也有很多问题，可以说是套着合法外衣的骗局。接下来，我们就来讨论其中的一些产品。

不良或不成熟的投资产品

黄金市场上所有伟大的金融创新的一个不可避免的副作用就是会带来某些可能本不该被创造的产品。虽然潜在的策略是对的，但实际执行效果却不尽人意，所以这些投资产品的缺陷有时很难被发现。毫无疑问，持续的黄金牛市所施加的竞争性环境有助于改善和解决部分问题，但与此同时，这些产品依旧是你在同等条件下的次优选项。

当然，我们也可以通过谨慎的操作将其中一些产品的劣势最小化。例如，金币难于储存，交易成本高昂，对投资新手来说不友好，但是确实有不少投资者对持有金币非常感兴趣。只要你能意识到这些问题，并愿意采取措施最小化这些安全风险和流动性问题，这种投资品就仍然值得拥有。我们在本章中还将进一步探讨相关的问题。

我们在本部分中列出的一些投资产品非常受欢迎，从表面上看，它们也是合法的，正因如此，你要时刻保持头脑清醒，仔细调查研究，避免由于一时冲动而忽视了某些风险。在几乎所有的情况下，我们都可以找到能够更好地规避那些问题的替代产品。随着市场的不断发展，我们预计未来会有更多更好的解决方案。

金币

人们对金币的利弊一直颇有争议。有不少黄金投资者很推崇金币，从理论上讲，金币有可能是一种简单、有趣和流动性相对较高的长期投资实物黄金的方式。然而，金币市场的一些主要缺陷可能会让一些小投资者感到困惑，因为他们不了解可收藏币的内在（黄金）价值和外在（货币）价值之间的差异。

由于金币形式基本统一和易于获得，因此它是长期投资者购买及持有实物黄金的主要方式之一。投资金币虽然算不上投资实物黄金最常见的方式（从交易量上看，金条更受欢迎），但它往往是投资新手们的首选，因为电视、杂志和互联网上都有关于它的广告。如果你是位钱币收藏爱好者，那么投资金币会带给你很多乐趣，这可能会弱化投资金币固有的缺点，具体取决于你的个人偏好。金币的售价通常高于其含金量的实际价值，它的流动性也不及实物黄金，将它卖回给卖家几乎是不可能的，或者可能以折扣价格出售。金币作为一种投资品存在的部分问题以及加价很高的原因在于其价值有两个部分构成：含金量（各不相同）和（作为收藏品）的价值。

如果你的投资目标是了解黄金价格，那么我们不推荐将金币作为投资实物黄金的一种方式。如果你想持有实物黄金，你有很多更好的选择。除非你确实对钱币收藏很感兴趣，否则这将是买入实物黄金最昂贵且低效的方式之一。事实上，购买金币作为一种投资是一件很难的事情，2010 年的 Goldline 丑闻就是一个很有代表性的例子。Goldline 是一家黄金交易商，其在电视和互联网上做了大量的广告营销。当你致电 Goldline 购买金币或金条时，呼叫中心会尝试向你追加销售以获得更大的订单。据《洛杉矶时报》（Los Angeles Times）估算，Goldline 的年收入近 10 亿美元，其金币售价平均高出其含金量价值的 90%。最终，美国国会就这一问题召开了听证会。

遗憾的是，媒体完全被 Goldline 销售人员使用的所谓强行推销技术和福克斯新闻频道评论员（也是 Goldline 公司发言人）格林·贝克（Glenn Beck）的巧舌如簧蒙蔽了双眼，把关注焦点放在了从 Goldline 和其他类似的邮购金币交易商那里购买金币这一真正的问题上。加价购币本是常规操作，对于非常稀有且具有收藏价值的钱币来说，大幅加价再正常不过了。真正的问题是，影响金币价值的因素太多了，投资新手在第一次购买时很难完全搞清楚。金币有黄金价值和收藏价值，而且在很多情况下，它们还可作为货币流通。一些硬币的价值比其熔化后的价值高出 90%，有些则不是，我们无法区分它们，而且作为投资者，我们对钱币收藏也没什么兴趣。

杂志、电视和网络推销的大多数金币可能并没有收藏价值。正因为没有稀缺性，投资者应当认识到其价格不会比其含金量价值高太多。我们在对线上和线下信誉良好的金币卖家进行调研后发现，美国鹰金币（非收藏品）正以平均5%的溢价销售。如果你确实想做金币投资而不是钱币收藏，那这稍微合理一些。不过，额外的1%～2%的运费也需要计算进来，但这仍比那些信誉较差的交易商的加价要低得多。

金币交易商不应将金币作为一种投资产品来推销，因为它们不是合法注册的证券交易商。然而，它们可以对将金币作为收藏品发布一些提示，告知购买者在未来可能会获得收益。所以在你决定购买这类收藏品之前，你首先要问自己以下几个问题：我了解金币的相关情况及其对价格的影响吗？我能安全地存放金币并保管它们吗？我能确认自己想购买的金币的实际情况与杂志、电视或网络广告所宣传的内容一致吗？除非你能够自信地回答上述问题，否则我们建议你远离金币市场，或者谨慎地从信誉良好的交易商那里入手一些新铸金币。在第5章中，我们将详细介绍如何以更优惠的方式购买金币和金条。

购买私铸金币可能会让情况变得更糟，你不仅要为此支付更高的溢价，而且还面临着严重的流动性问题。假设你购买了一枚私铸金币，当市场发生变化或你需要资金时，你需要卖掉它。如果此时铸币者不愿意回购金币（大部分人都不愿意），你就只能到其他地方以其内在的黄金价值卖掉它。这意味着你不仅要承担溢价损失，还必须支付鉴定（确定金币金属含量纯度的过程）费用。这个过程不但成本高、耗时长，而且会使在购买金币时存在的问题进一步复杂化。

我们并不是反对投资实物黄金。事实上，有许多更好的方法可以帮你达成所愿，只不过我们更倾向于支持投资者通过某家公司（而不是通过邮购）来购买黄金，因为这些公司可以帮助你储存、购买保险以及分类管理它们。我们将在下文中更详细地介绍一些投资实物黄金的可选方法，并提供一些建议，以确保你实现更好的交易。

场外或现货黄金交易商

在外汇市场上，个人投资者使用场外交易商和软件交易平台来推测货币汇率是很常见的。由于黄金是一种非官方货币，因此很显然，对交易商来说，黄金可以成为它们提供的一种产品。场外交易商对交易者很有吸引力，因为它们通常能提供极高的杠杆（100∶1，甚至更高）、快速执行、免佣金交易等服务，这些条件对小型黄金交易者来说很具诱惑力。不过你要小心点，在这个市场上，你的胜算并不大。

当你与场外黄金交易商进行交易时，你实际上是在没有购买任何实物黄金的情况下赌黄金价格的涨跌。这种交易与期货合约非常相似，只是不在交易所挂牌上市；它们每三天展期一次，交易商（或银行）充当每笔头寸的对手方。交易规模以"手"计，每手代表 100 盎司黄金。也就是说，如果黄金的交易价格为每盎司 1300 美元，那么买卖 1 手的名义价值为 130 000 美元。如果你必须支付 130 000 美元"拿下"这 100 盎司黄金，且金价从每盎司 1300 美元上涨至每盎司 1320 美元，那么你将在这笔交易中盈利 2000 美元，因为这 100 盎司黄金现在已经价值 132 000 美元了。如果你在这个时候退出交易，你将获得 1.5% 的利润，这相当可观。

听起来不错啊！如果加上一点杠杆会发生什么呢？交易商通常会为你

提供至少 2% 的保证金或 50∶1 的杠杆，这意味着你只需要支付 2600 美元，也就是总保证金的 2%，而不必支付 130 000 美元，就可以"拿下"100 盎司黄金。如果金价涨至每盎司 1320 美元，你仍将盈利 2000 美元，但是你实际只需支付 2600 美元。这使得原本 1.5% 的利润率变成了惊人的 76% 的利润率。这个方案简直完美，何乐而不为呢？不过你忽略了另一种可能：如果你支付了 2600 美元的保证金购买了 1 手黄金，而金价却下跌而不是上涨了 20 美元呢？答案显而易见，这对于小交易者来说将是灾难性的。快速累积的损失很难从情感上被迅速消化，而一个情绪化的交易者不是一个好交易者。你很容易成为自己最大的敌人。

那些渴望成为成功的日内交易者的人经常进行场外黄金的短线交易。虽然场外黄金交易商通常不收取佣金，但它们会通过买卖价差和滑点从交易者那里赚钱。这个行业本质上会对客户在黄金合约中的盈亏情况保密，然而美国全国期货协会提供的数据却显示，超过 90% 的场外黄金交易者或外汇交易商在 24 个月内亏掉了其全部本金。这可不是什么值得高兴的统计数据。由于你的交易对手方是交易商而非其他交易者，因此场外交易商的定价和订单流也不是很透明。它们可以制定并发布价格，可能会人为地制造滑点，这样它们就能抓住那些接近止损点的交易者或避免较高限价订单。美国商品期货交易委员会（Commodity Futures Trading Commission，CFTC，美国期货市场监管机构）和美国全国期货协会（美国期货行业标准制定和登记注册组织）一直在整顿这些场外交易商，但过程并不顺利。改动价格阻止交易者止损、用不利的价格履行市场订单或者有意忽略限价委托的做法通常被称为猎杀止损，这在行业内仍是一种常见的做法。

一些场外交易商宣称，它们可以通过无交易员平台（no-dealing-desk，NDD）交易账户来避免这些问题。我们研究了其推介资料后认为，这意味着你的委托要么流向为场外公司提供流动性的主要交易商，要么被上传至电子通信网络（electronic communications network，ECN）[①]，等待与其他委托订单匹配。这两种途径或许都有助于解决上述问题，但成本和透明度（或缺乏透明度）这两个最重要的问题依旧存在。我们认为，无交易员平台尚不足以证明与场外交易商进行黄金交易的合理性，毕竟还有很多其他相对透明的交易方式可供选择。

无论交易是盈是亏，这些交易商都能获利，所以它们有与你作对的动机。就黄金合约而言，交易商通常在每次交易时收取每盎司黄金 0.3 ~ 0.5 美元的买卖价差。在这个行业中，普通交易员每月会交易 2000 盎司（或 20 整手）黄金，这样算下来，他们可能不赔不赚，也可能盈利或亏损，但他们仍能从这些交易中获得 600 ~ 800 美元的利润。他们几乎不用承担什么风险，因为他们可以对冲你的交易与其他持有相反头寸的投资者或与主要交易商持相反头寸的投资者的风险。即使场外交易公司有时不得不与更大的公司或银行（也称为主要交易商）冲抵其部分风险，它们也能够以一个更低的价差这样做，使其"交易"保持盈利。我们经常问那些选择与场外黄金交易商打交道的个人交易者，他们打算怎么解决其账户的隐性损失问题。

这里真正的问题在于缺乏问责制。虽然这类公司有其存在价值，但是作为你的交易对手方，它们有太多的动机去损害你的利益。这些场外交易商或

---

① 电子通信网络，是指金融交易所、股票经纪商与其客户之间的电子化交易平台，通常情况下是一种使客户可以在股票交易所之外交易金融产品的计算机系统，其特点在于可以通过降低交易费用来提高市场交易商间的竞争性。——译者注

者说"投机商号"（bucket shop）在美国基本上是不受监管的，现在政府正在逐步加大对它们的审查力度，我们也期望它们能改善其交易和商业行为。然而，监管方面的整顿也会带来一个风险，即许多（对不利因素不甚了解的）交易者可能会误以为新的监管规章正在成为他们获利的障碍。这导致一些投资者关闭了现有账户，而在那些为了逃避监管而转移至海外的规模较小的交易商那里重新开设账户。当一家公司为了逃避美国的监管，而有意转移到塞浦路斯、百慕大群岛或俄罗斯时，你更应该三思而后行。

虽然场外交易商不收取佣金，但它们会收取其他费用，其中一项就是交易双方每天的展期费用，这意味着无论你是通过交易商买入还是卖出黄金，你每天都会被收取持有该头寸的费用。如果你做空黄金，由于持有空头头寸会产生利息费用，你可能就会在展期时被收取更高的每日费用。由于这笔费用通常在每天特定时间收取，这促使交易者倾向于在展期结束前退出交易，这就给交易商创造了额外的价差，因此交易商无论如何都能获利。除此之外，还有年费、闲置费、对账单费、支票费和其他累积起来的费用，具体数额取决于你管理账户的方式。

我们认为场外交易市场也有一些可取之处，这些可取之处或许能够挽救这个行业，并使其吸引更多优秀的投资者。首先，场外交易模式允许交易商为交易新手提供更灵活的合约规模。我们之前使用了价值 100 盎司的黄金合约的例子，但场外交易商提供的交易规模可以是 100 盎司的 1/10（称为"迷你手"）甚至 1/100（称为"微型手"）。有些交易商还允许其交易者根据需要创建任意规模的合约，这赋予了那些专注于一致头寸大小的交易员很大的灵活性。

发生在这个行业中的技术进步远远超乎你的想象。由于各个黄金交易商的黄金持有量都是一致的，因此场外交易商只能在技术和工具层面展开竞争。它们提供的技术包括高级账户管理、灵活制图、复杂订单接入、可编程系统与指标，以及点击式执行。我们非常希望看到这些新技术也能填补股票和期权市场领域的空白。我们看到这个行业在很多方面都愈发成熟，虽然依然存在这样或那样的棘手问题，但竞争压力和更多的优质客户最终将推动更合法的营销和运营实践。2011 年，一些头部场外交易商进行的首次公开募股（initial public offering，IPO），以及透明度的提高对市场产生的实质影响很值得我们细细品味。

价差对赌

价差对赌在美国金融市场上并不常见，但在英国、亚洲和欧洲非常流行。顾名思义，价差对赌是指投资者押注黄金价格，如果金价上涨，那么投资者可能会获得回报；如果金价下跌，投资者则可能会赔钱。价差押注与在赌场下注不太一样，因为你的风险是不固定的。价差对赌在很多方面都与通过场外黄金交易商进行的交易非常相似。

与你在赌场下注不同，价差对赌没有固定的赔率。只要你（或公司）不终止交易，你就可以无限盈利；当然，如果金价没有如你预期的那样变动，你可能就会亏掉所有钱。事实上，根据账户协议，你的损失甚至有可能比你最初投入的多。与场外交易市场一样，价差对赌公司也会提供复杂订单接入和灵活头寸规模设置等服务，但费用更高，价差（买卖价格之间的差额）往往也更大。

价差对赌起源于英国税法的一个漏洞。从技术上讲，来自价差对赌的盈利不需要缴纳资本利得税，这间接给了该行业一项"补贴"。它迅速在全世界范围内叩开了市场的大门，并且在除美国以外的地区呈指数级增长。价差对赌最为人熟知的形式是差价合约（contracts for difference，CFD），是一种在进行极短线交易的黄金交易新手中非常流行的合约。价差对赌、差价合约和场外交易市场在形式和操作等各方面都十分相近，差异（和缺点）对于小交易者来说可能无关紧要。

价差对赌、差价合约和场外交易市场也有共同的问题：缺乏透明度，成本比交易者想象的高，鼓励你尽可能频繁地交易（下注）以实现公司利益最大化。这意味着大多数交易者都有一个负资产曲线。然而，依然有部分交易者对此乐此不疲，并坚持认为这与玩在线扑克牌游戏其实没什么区别。我们强烈建议你尽量远离那些充当交易对手方，并且在你没有频繁交易时还收取费用的公司。

每当听到有外行人把投资称为赌博时，我们总是感到很愤怒；然而，就某些金融产品而言，他们也许是对的。

杠杆 ETF

我们是指数型 ETF 的超级粉丝，因为它具有成本效应、易于交易、流动性好，同时还为小投资者提供了投资黄金等各类资产的途径，这在几年前是不可能实现的。然而，指数型 ETF 有两个邪恶的双胞胎兄弟：杠杆 ETF 和反向 ETF。如果只从表面上看，它们都存在很难理解的严重问题。这些基金的主要问题是，它们旨在跟踪黄金或黄金期货的每日表现，而不是长期表现。由于它们必须频繁调整持仓情况以匹配日常状态，因此这些 ETF 的成本也就非常高。

如果我们对这些 ETF 在不同时期的实际表现进行比较，就更容易解释它们为何如此糟糕。例如，我们来比较一下 SPRD 黄金 ETF（GLD）和 ProShares 两倍做多黄金 ETF（UGL），前者是一个非杠杆化的、密切跟踪实际黄金价格的 ETF，后者的日间波动幅度则是前者的两倍。首先，假设你于 2010 年 1 月 4 日以每份 109.82 美元的价格买入了 GLD。你大致可以假设一份 GLD 相当于 0.1 盎司黄金。现在假设你于 2010 年 10 月 31 日以收盘价每份 132.60 美元的价格卖出了这部分份额，净收益为 21%，这几乎就是黄金现货价格在这段时间内的涨幅。

UGL 的杠杆率是 200%，这意味着它的目标是产生黄金价格日间波动幅度的两倍效果，交易者完全有理由假设它在同一时期应该上涨 40%。可惜对于实际持有该头寸的投资者而言，它总体只上涨了 38%。这种表现不佳可是个大问题，而且如果市场长期维持震荡或下跌，情况可能会变得更糟。例如，如果我们看一下它们在 2010 年 5 月至 7 月这段时间的表现就会发现，在 GLD 的价格持平的同时，UGL 的价格却下跌了 1.32%。在 2009 年 12 月至 2010 年 2 月短暂的黄金熊市期间，GLD 下跌了 6.76%，而 UGL 的跌幅达到了 14.58%，是前者的两倍还多。我们从这些实例中得出的结论是，杠杆率为 200% 的 ETF 在市场向好阶段的回报率很可能达不到非杠杆 ETF 的两倍，在市场平缓时期可能会亏损，而在市场下行期间的亏损可能是非杠杆 ETF 的两倍还多。

这是所有杠杆 ETF 或反向 ETF 都面临的问题，由于它们与其所跟踪资产的日收益挂钩，因此错失了复利的优势。表 4-1 展示了其中的奥妙。

表 4–1　　　　杠杆率的 200% 的黄金 ETF 交易和非杠杆黄金 ETF 交易

	杠杆率为 200% 的黄金 ETF 交易	非杠杆黄金 ETF 交易
第 1 天	以每份额 100 美元的价格买入杠杆率为 200% 的黄金 ETF	以每份额 100 美元的价格买入非杠杆黄金 ETF
第 2 天	金价下跌 2%，这意味着你的持仓损失了 4%，现在每份额的价格为 96 美元	金价下跌 2%，现在每份额的价格为 98 美元
第 3 天	金价上涨 2%，或者你的 ETF 上涨 4%，现在每份额的价格为 99.84 美元（96 × 4%+96=99.84）	金价上涨 2%，每份额的价格为 99.96 美元，你几乎已经回本了
第 4 天	市场下挫，金价暴跌 10%，意味着现在每份额的价格变成了 79.87 美元	市场下挫，金价暴跌 10%，现在每份额的价格回落到 89.96 美元
第 5 天	市场大幅反弹 12%，你持有的每份额的价格回升至 99.04 美元。你决定清仓离场，最终亏了 1%	市场大幅反弹 12%，你持有的每份额的价格回升至 100.75 美元，你决定落袋为安

我们应该注意到，上述例子过于简化了。杠杆 ETF 和反向 ETF 背后的实际交易和管理策略非常复杂，除了前面提到的复利问题外，还有很多其他现实风险需要考量。比如，在市场波动性趋缓期间，这些基金的表现可能略好于预期，但当波动性上升时，损失可能会迅速增加。最重要的是，这类基金的风险和成本特征将导致无论市场的走向如何，只要你长期持有 ETF，你都会赔钱。除非你预先知道市场将出现一波上涨行情，否则你最好寻找另一种使用杠杆的方法。在本书的策略部分中，我们将介绍一些具体的方法。

反向 ETF

说到底，黄金价格总有一天还会进入下行通道，然而对于愿意接受挑战的交易者来说，在熊市和牛市中都可以有所作为。精明的投资者可以通过做空像 GLD 这样的黄金 ETF，在金价下跌时获利，但如果你从未做过这种交易，那就有点复杂了。反向 ETF 可以用于尝试解决这种问题，但它们与杠杆 ETF 面临着相同的复利问题。有时反向 ETF 也有杠杆作用，这使得问题更加严重。反向 ETF 的份额可以像普通 ETF 或者股票一样购买，但当它们跟踪的标的指数或资产的价格出现下跌时，它们反而会升值。

　　为了向你展示为什么反向 ETF 并不是黄金熊市中的理想选择，我们使用了与前面例子相同的假设价格，并比较 ProShares 两倍做空反向黄金 ETF（ProShares UltraShort gold inverse ETF，GLL）的表现。该 ETF 的交易目标是反方向契合于黄金或 GLD 日间价格变动幅度的两倍。这意味着如果某天 GLD 下跌了 1%，那么 GLL 将上涨 2%；或者如果某天 GLD 上涨了 3%，那么 GLL 将下跌 6%。假设在 2009 年 12 月至 2010 年 2 月短暂的黄金熊市期间，某位看空交易者决定通过买入 GLL 的份额来获利。在此期间，GLD 亏损了 6.76%，但 GLL 仅盈利 7%。这着实令人惊讶，因为本例中交易者的预期盈利约为 14%，或 GLD 损失反向的两倍。这种表现不佳是由同样困扰杠杆 ETF 的复利问题造成的。当市场下行时，反向 ETF 的表现将比预期差很多，而其在牛市期间的损失将超出你的预期。

　　要想知道为什么会出现这种情况，那就让我们看看表 4–2 描述的交易，我们使用了与之前在讨论杠杆 ETF 时相同的假设的日间数据。

表 4–2　　　　反向与 200% 杠杆黄金 ETF 交易和非杠杆黄金 ETF 卖空交易

	反向与 200% 杠杆黄金 ETF 交易	非杠杆黄金 ETF 卖空交易
第 1 天	以每份额 100 美元的价格购买反向杠杆黄金 ETF	以每份额 100 美元的价格做空非杠杆黄金 ETF
第 2 天	金价下跌 2%，意味着你的持仓收益为 4%，现在每份额的价格为 104 美元	金价下跌 2%，现在每份额的价格为 98 美元，因此卖空为你赚到了 2 美元

续前表

	反向与200%杠杆黄金ETF交易	非杠杆黄金ETF卖空交易
第3天	金价上涨2%，你的ETF损失4%，现在每份额的价格为99.84美元（104×96%=99.84）	金价上涨2%，每份额的价格为99.96美元，你的卖空仍盈利0.04美元
第4天	市场下挫，金价暴跌10%，这意味着现在每份额的价格为119.80美元	市场大幅下挫，金价暴跌10%，每份额的价格变为89.96美元，你做空的利润超过了10美元
第5天	金价大幅反弹，上涨12%，现在每份额的价格直接回落至91.05美元（119.80×76%=91.05）。面对这个结果，你唯有一声叹息。无须多言，你决定就此清仓，最终亏损了9%	市场大幅反弹12%，每份额的价格回升至100.75美元，卖空只让你损失了一点点。市场来回波动，你只损失了0.75%

　　反向与杠杆型反向ETF的损失远远超过了直接做空头寸的损失。即使我们在非杠杆反向ETF上使用同样的数据，结果仍令人咋舌：在相同的交易周期内，损失超过了5%。面对这样一个事实，交易者不禁要问，为什么这些产品仍然如此受欢迎呢？我们也尚未找到答案。就在写作本书时，GLL的日均交易量是344 000份，每当金价在几天内出现小幅波动时，这些产品的交易量就是平均水平的两倍或三倍。虽然发行反向ETF产品的公司正在逐步加强对投资者投资这类产品的风险提示，但很少有机构愿意主动放弃这一巨大的市场。

　　我们与个人投资者合作过很长时间，并且始终非常确信的一点是，我们都讨厌阅读信息披露报告和招股说明书，某些警示性内容越模糊，我们就越不可能注意到它们。有关这些信息披露的诉讼屡见不鲜，最终将使这些警示性信息变得更清晰和有效。但与此同时，这是个人投资者在做出投资任何新的黄金ETF产品的决定之前必须认真面对的问题。我们希望这部分内容不会被误解为对做空黄金的警告。即使黄金市场会有牛市，牛市也不可能永远持续下去。短线交易者可能希望能够从短暂的回调中获利，而长期投资者可能会对在熊市开始时就从中获利感兴趣。对投资者来说，准备好从资产价格上涨和下降的过程中获利是有道理的。我们将在本书后面的章节中介绍看跌策略。

期货 ETF

黄金期货 ETF 的购买方式与其他 ETF 的购买方式是一样的，只是它们反映的是黄金期货投资组合而非黄金的表现。这听起来是个好主意，毕竟通常情况下，我们认为黄金期货是一种优质的投资产品，可惜虽然黄金期货 ETF 非常受欢迎，但它们却是一种糟糕的投资工具。

黄金期货 ETF 的成本比黄金 ETF 的成本要高得多，前者的平均年管理费为 0.75%，而目前市场上两只最受欢迎的黄金 ETF 的年管理费为 0.24% ~ 0.40%。这其实也还说得过去，但成本就是成本，我们应该竭尽全力使成本最小化。然而，管理成本和佣金并不是这类 ETF 最大的问题。真正的问题是，这些基金几乎每个月都必须对其期货合约进行展期，每展期一次，这些基金都必须支付更多的钱来购买下一份期货合约。当具有更长到期日的期货合约的价格高于当月到期的期货合约的价格时，就意味着市场处于期货升水状态。基金每次必须对其投资进行展期时所支付的少量溢价很快就会积累起来。基金经理声称，当市场处于期货升水时期，这是一个劣势，但有时期货合约实际上在下个月更便宜，这被称为现货升水，尽管你可能永远不会从真正的交易者的口中听到这个词。现货升水期会为基金展期未来月份的黄金期货合约带来细微的优势和便利。表面上看，这似乎意味着现货升水期抵消了期货升水期的间歇期，对吗？

这个观点只有一个问题：黄金市场几乎总是处于期货升水状态，而且没有证据显示这种情况会有所改变。现货升水仅在 1999 年、2001 年 3 月和 2011 年初短暂现身，但这也极为罕见。我们很难想象在很长一段时间内会出现构建这种市场环境的条件。当我们阅读基金的募集说明书，以及看到每个有经验的市场参与者似乎都知道黄金"几乎总是处于期货升水状态"时，我们还是很沮丧的。基金公司也借此哄骗那些不太了解情况的交易者。期货升水对期货 ETF 造成的负面影响不如杠杆 ETF 或反向 ETF 的复利问题那么严重，但仍然是一个大问题，尤其是对长期投资者而言。2007 年初，PowerShares 公司推出了 DB Gold Fund ETF（DGL），该基金已成为非常受欢迎的黄金期货基金，每天的交易量超过了 40 000 份。但因为其成本和期货升水较高，该基金自推出以来落后于 GLD 和 IAU 等普通黄金 ETF 约 18%。对长期投资者来说，这些因素加起来会使 DGL 成为一种看似光鲜亮丽、有潜力，却无法取得良好收益的投资产品。

All about
Investing in Gold
———

第 5 章

优质黄金投资标的

在本章中，我们将介绍一些好的投资产品，但我们想要明确的是，这里的"好"并不等同于"适合"。例如，我们很推崇黄金期货和黄金 ETF 期权，因为它们流动性强，并能提供非常灵活的杠杆，但前提是我们愿意参与交易，而且有很强的风险承受能力。显然，并不是所有投资者都适合这种模式，因此也就不存在适合每一个人的"好"产品。幸运的是，对于各种类型的黄金交易者来说，市场上可供选择的投资产品还是很多的，它们价格便宜、流动性强、透明度高、交易灵活。我们将从每一类产品中甄选一些最好的来介绍，并具体分析它们有哪些优点，以及在什么情况下应该避免使用它们。

以下这份关于好产品的清单可能并不全面，但我们相信它已经足以帮助你开始自己的投资调研了。市场瞬息万变，试图提供一份完整的黄金投资产品指南可能是徒劳的，但是好产品一般都具备以下共同特征，即成本低、流动性强、高效、灵活使用杠杆。尽可能优化这些因素很重要，因为它们是我们作为投资者能够掌控的少数几件事。在本章中，我们还介绍了一些具体的技巧，帮助你最大限度地掌控你正在交易的产品，监督你持有账户的经纪公司。

ETF

ETF 可以像股票一样交易，在很多方面，它与共同基金非常相似，但在几乎所有方面都更胜一筹。我们认为，共同基金之所以能在市场中占有如此重要的份额，仅仅是因为它们有像美国的 401（K）计划［401（k）programs］①等享受税收优惠的投资计划的加持。随着市场的不断成熟，这种平衡最终会被打破。ETF 虽具有便捷、流动性强和高效的特点，但它们不是免费的。与任何基金一样，基金管理人要得到报酬，经纪人要赚取佣金（当然，并非总是如此，稍后将会详细介绍）。如果你利用 ETF 投资黄金市场，就会面临一些特定的风险，但这并不影响 ETF 成为多元化投资的好工具。它还能帮助你像专业投资经理那样行事，又不用亲力亲为。

ETF 解决了共同基金行业存在的三个非常重要的问题。

成本

黄金市场的基金经理一般会收取非常高的服务费，尽管平均而言，主动管理型基金经理的表现不如被动型指数基金经理。大部分黄金 ETF 都是被动管理或指数化的，这意味着基金经理和管理团队的主要目标并不是超越黄金或黄金采矿业的表现，而只是要尽量与之匹配。一些指数型 ETF 的回报

---

① 401（k）计划也称 401（k）条款，是基于美国 1978 年《国内税收法》新增的第 401 条 k 项条款的规定［由于投资计划的内容涉及递延税问题，因此政府税务部门专门制定了相关条例，并将其规定在 401（k）部分］，并于 20 世纪 80 年代初开始实施的一种养老保险制度，具体操作方式是由雇员、雇主共同缴费建立起一只保障基金。随着该项计划的有序推进和发展，目前在美国，它正在逐渐取代传统的社会保障体系，并成为许多私人营利性公司雇主首选的社会保障计划。从逻辑上说，401（k）计划更类似于我国的企业年金。——译者注

率非常接近于其所跟踪的指数或标的资产的回报率。

由于 ETF 采用被动管理策略，所以费用极低。根据 ETF 的不同，投资金条的成本可以低至每年 0.25%。与主动管理的共同基金、对冲基金或者第一年收费为 5% 的商品基金相比，这简直太便宜了。如果主动管理型基金经理的表现优于被动型指数基金，那我们就不会对黄金 ETF 如此这般热忱了，但幸运的是，对个人投资者来说，它们是更好的选择。

税务问题

许多共同基金都不得不面对这样一个尴尬的事实：即使基金亏损，投资者可能也还是要承担纳税义务。这种情况可能发生在基金整体下跌，而基金经理出售基金内一个或多个尚有盈利的个别头寸时。这些个别利润必须纳税，而这些利润实际上被转嫁给新基金和老基金的股东。对于已经对基金表现感到失望的投资者来说，这种"义务"令他们感到很意外。由于市场具有周期性，因此这种情况发生的频率比你想象的高得多。

黄金 ETF 的设立方式使其纳税义务与持有个股十分类似：当你卖出股票后，你要为你的收益纳税，而当基金经理调整基金仓位的时候则不用纳税。传统的个人退休账户（individual retirement account，IRA）或罗斯 IRA（Roth IRA）等税收优惠账户也可以持有黄金 ETF。从税务角度看，最适合你的方法各不相同，你应当密切关注你的投资组合的任何重大变化，并向专业顾问寻求建议。

流动性

共同基金和其他私人基金经理都不太喜欢投资者频繁地做赎回操作，因为这样会影响他们的资产配置策略。有些共同基金会根据基金的表现和你的持有期，收取相当高的赎回费用，足以抹掉你的盈利，甚至最终让你亏损。如果你需要迅速做出改变，那这是一个令你沮丧的问题；对于需要获得资金或者想要调整投资策略的个人投资者来说，这可能会让你得不偿失。

黄金 ETF

市场上规模最大的黄金 ETF 就是我们之前提到过的 GLD，其所持有的黄金存放在汇丰银行的金库中。GLD 手握的黄金数量仅次于美国、德国、法国、意大利等国的中央银行和 IMF，这也就意味着该基金具有规模经济（效率）和非常高的流动性。

该基金受欢迎的原因有很多，其中最重要的是，它是首批让广大个人投资者和机构投资者通过基金获得低成本金条所有权的基金之一。买入 GLD 份额意味着你不需要持有实物黄金，也不需要担心黄金的存储成本、流动性和其他问题。同时，GLD 的费用非常低，你可以像买卖普通的股票一样在你的经纪账户中买卖它。总的来说，我们认为 GLD 是持有金条的一种优质的长期工具（尽管它也有一定的缺陷），而且由于它有很好的流动性，因此它也是黄金期权交易者的最佳选择之一。市场对 GLD 等黄金 ETF 的追捧是我们预测黄金价格在未来数年中将继续上涨的主要原因之一。尽管规模庞大，但黄金投资者群体并不是很了解 GLD 及其新出现的竞争对手。越来越多的个人和机构投资者都认为，为了在货币战争和量化宽松的新时代保存资本，他们必须持有必要的黄金风险头寸，需求将推高金价。

还有其他一些黄金 ETF 产品和 GLD 非常相似，我们期待市场在未来能为我们带来更多类似的投资标的。随着 ETF 的大量涌现，费用还将继续降低（实际上目前已经相当低），市场透明度也将进一步提高，而透明度问题恰恰是我们对 GLD 为数不多的不满意之一。GLD 的最佳替代选择之一是 IAU，IAU 有更低的费用、更便宜的份额价格以及体验感更好的报告。更低的份额价格（只有 GLD 的 1/10）和管理成本（仅 0.25%）是小交易者和长期投资者更钟情于 IAU 的最主要原因。原则上，我们认同 IAU 是黄金 ETF 朝着正确方向迈出的又一步，但 IAU 期权的流动性不如 GLD 期权，这是策略更复杂的投资者必须面对的首要问题。

除了成本、价格和期权外，主要的黄金 ETF 标的之间还存在着不少差异，但对于大多数个人投资者而言，这些差异在投资决策过程中无关痛痒。同样，各基金的黄金 ETF 的弱点也大同小异，但我们觉得这些缺点都不是致命的。在大多数情况下，这些问题都不是黄金 ETF 所特有的，不过在你做出投资决策之前，最好还是了解一下。

指数误差

尽管我们不可能通过买入 ETF 实现投资某种资产的理论回报值，但如果我们在比较实物黄金和低成本 ETF 的表现时考虑到持有实物黄金的固有成本，那么该基金很可能是更划算的选择。在很大程度上，指数误差可以解释为收购及管理黄金库存、发行基金份额和支付产品管理费等所有成本的总和。就黄金 ETF 而言，这种差异几乎可以忽略不计。例如，在我们撰写本文时，IAU 在过去的 12 个月里上涨了 26.19%，GLD 上涨了 26.21%，而实物黄金价格上涨了 26.36%。我们认为，随着 ETF 收取费用，这种差异随着时间的推移可能会变大，但仍然相对较小。请记住，持有实物黄金并不是没有成本和风险。

透明度

ETF 通常需要正式披露或不定期地在其网站上公开其持仓情况，而这些数据与基金当时的价值之间往往存在微小的不匹配。造成这种情况的原因颇多，我们有理由担心投资者可能没有获得他们想要的信息。我们不时会听到关于进行更深入和严格的审计，以及增加信息披露频率的诉求。我们预计，随着市场竞争趋于成熟，更高的透明度将成为常态。每每谈及信息披露时，黄金投资者似乎永远有倒不完的苦水，所以如果这确实也是你的痛点，那么你更应该优先选择具有更高信披报告和审计标准的 IAU 而不是 GLD。

信用风险

理论上，ETF 由其资产作为担保，因此其份额持有人是相对安全的。但也并非完全如此，毕竟资产、股票和证券的定义可能比人们想象的要模糊一些。ETF 经理和保荐人有可能破产或者欺骗持有人。当破产发生时，ETF 的持有人可能不享有与上市公司股东相同的权利。虽然本章中提到的黄金 ETF 出现这种风险的可能性非常低，但这种情况以前发生过，这也再一次说明就算是投资黄金，多元化策略也依然重要。

我们在本书中并没有讨论交易所交易票据（exchange-traded notes，ETN），它们与 ETF 非常相似，但信用风险却高得多，而且不具有任何对冲优势。谨慎起见，我们通常建议投资者回避 ETN。

利益冲突

每当谈及黄金 ETF，我们就永远绕不开黄金投资者口中的阴谋论。黄金 ETF 持有的黄金由托管银行负责保管，这些银行都在我们之前介绍过的黄金银行清单中，其中汇丰银行是 GLD 的托管人，摩根大通是 IAU 的托管人。这些大型黄金银行与美国和欧洲的中央银行等其他主要黄金市场参与者之间维持着某种特殊的关系。这些银行并不会披露其全部的黄金敞口，它们的杠杆率甚至比我们知道的更高。

汇丰银行和摩根大通都是黄金期货市场上尽人皆知的"空军司令"（即做空黄金交易商），表面上看，似乎是银行和大型 ETF 的托管人在与其客户对赌。这看起来确实很奇怪，一些交易者认为这些大规模的空头头寸人为地增加了市场上的黄金供应，使金价低于应有的水平。虽然这些观点亦真亦假，但从另一个角度看，大银行可能在做空黄金期货，以对冲其未披露的多头头寸敞口。只可惜我们不知道黄金供应是否被人为地操控了，也不知道未来更高的透明度能否推高黄金价格。

黄金股票 ETF

一般来说，如果你的资金量有限，我们建议你尽量避免持有单一股票，这也适用于投资黄金股。黄金股票 ETF 可以解决这一问题，它流动性强，能实现一定程度的多元化，小投资者不可能在不付出较大成本的前提下复制这种多元化。指数化黄金股票 ETF 的波动性比黄金 ETF 大，但如果你愿意多承担一点风险，那么黄金股票 ETF 的潜在回报也会更高。Market Vectors Gold Miners ETF（GDX）是受许多交易者青睐的一只热门黄金股票 ETF，它还有一个更有趣的姊妹基金——Market Vectors Junior Gold Miners ETF（GDXJ）。大部分投资者认为 GDX 涵盖了行业内的大盘股，而 GDXJ 涵盖了行业内的小盘股。从某种程度上讲确实如此，但实际情况没那么简单。

GDX 主要聚焦于在美国上市的股票，因此其市场敞口主要集中于美国和加拿大的公司。另外，由于该基金基于市值对金矿企业进行指数评估，因此其风险敞口也就更大地暴露在行业内几家最大的公司的股票上。相比之下，GDXJ 并不像人们想象的那样集中配置小盘股，而是拥有更广泛的国际业务。这意味着 GDXJ 对澳大利亚和南非等股市成熟的黄金生产国有更大的风险敞口。国际风险敞口存在差异是一件好事，原因有以下两点：（1）通常来说，只要不增加成本，更多样化和更分散的投资就是有益的，在这种情况下确实如此；（2）增加对美股以外股票的敞口有助于抵消对美元价值的敞口。例如，假设澳元兑美元在短期内持续升值（仅仅是假设，实际很难出现这种情况），那么这只关注国际市场的 ETF 所持有的澳大利亚公司股票将受益于这个敞口。

总的来说，你可以认为上述的两只 ETF 有着不同的波动性，对于有更高风险承受能力的激进投资者而言，增加多元化和更多接触小盘股公司的好处会使 GDXJ 比 GDX 更具吸引力。还有其他一些黄金矿业 ETF 和共同基金可供投资者选择，相关的信息你可以在 Morningstar.com 上轻松地找到。我们之前讨论的关于黄金 ETF 的规则同样适用于选择黄金股票 ETF。重点关注成本、流动性和透明度能够确保你掌控那些你有能力影响的事情。虽然你不可能左右市场的方向，但是你有能力将其他不利因素的影响降至最小。长期来看，重点关注这些因素能够对你投资组合的实际表现产生重大影响。

黄金股

交易者口中的黄金股票或黄金公司，指的是积极生产黄金或为金矿企业提供房地产、厂房和设备的上市公司。美国和加拿大的很多大型企业都已经在北美主要的证券交易所挂牌上市。这些公司的基本面与其他上市公司的基本面大同小异，我们在投资其他行业公司的股票时采用的方法也可以用于分析黄金公司股价的相对表现。对于风险承受能力高、资金量充足的交易者而言，黄金股可能值得参与一下，尤其是在牛市中，它们的表现可以超过黄金价格和黄金股票 ETF。如果你觉得那些大型黄金公司的股票不合你的胃口，而开始关注所谓的次新股，那么风险和潜在收益就会相应增加。次新股市值较小，由于没有可靠的生产、管理和盈利记录，因此投机性更强，但一旦它们爆发，表现就可能非常强劲。

黄金生产商

黄金股（或多或少）的涨跌与黄金价格的涨跌保持同步，但往往波动性更大。有些股票可能真的只是昙花一现，同时潜在的高回报必然伴随着额外的风险。例如，黄金价格在过去某个时间段里上涨了 25%，全球最大的黄金生产商巴里克黄金公司（Barrick Gold Corporation）的股价上涨了 32%。更高回报的可能性也带来了额外的风险。在我们分析的股票中，排名垫底的是捷豹矿业（Jaguar Mining）公司的股票，该股的股价在黄金牛市时下跌了 37%。该公司的业务涉及黄金勘探和生产，但很显然，其生产效率未能达到投资者的预期。

在黄金投资行业，像捷豹矿业这样的例子经常被用来"证明"为什么直接持有黄金是一种更好的投资。而诺华黄金资源（NovaGold Resources）公司这类股票通常被认为是可遇不可求的特例。在某种程度上，我们认为上述这两种观点都有一定的道理，因为我们也不知道黄金板块中的哪只股票在特定时期内会上涨 100% 或亏损 100%，但是我们可以对整个板块更有信心。当然，这个观点带有一定的主观色彩，投资者不应基于某项资产的近期表现来决定是否投资。投资标的的波动性、我们个人的风险承受能力以及个人偏好都是我们容易且经常忽视的重要因素。

我们之所以这样说，是因为在黄金行业，分析师和投资顾问往往在最佳投资标的的选择上存在非常大的分歧。有些人认为，由于买入黄金股是在间接投资黄金，并且需要承担额外的风险，因此还不如直接持有黄金；另一方面，股票投资者则认为，黄金不会因生产工艺的提高或新的金矿被发现而升值，所以它将落后于市场，是一种有缺陷的投资标的。这两种观点其实无关对错，关键在于你个人的投资组合的目标。假设在过去的 10 年里，一位投资者用 80% 的资金购买了标准普尔 500 指数（S&P 500）的股票，用 20% 的资金购买了黄金，在此期间，该投资组合为他带来了 75% 的收益，而同时标准普尔指数实际上却下跌了近 14%；如果投资者在标准普尔 500 指数中配置相同的资产，而用剩下 20% 的资金购买黄金股票指数，那么收益将超过 100%。然而，这个过程艰难得多，有时黄金股投资者承担的市场下行压力比实物黄金投资者大得多。

这个例子值得我们细细品味。回顾过去，你很容易认为投资黄金股是更优策略，但这只是后见之明。2008 年底时，情况大为不同，黄金投资者会认为他们很聪明。说到底，决策与你作为一个投资者所追求的东西有关。与黄金股相比，持有黄金的波动性较小，这对优先考量本金安全的投资者来说很重要，而黄金股对寻求多元化投资和积极增长机会的投资者更具吸引力。尽管你能够发现市场上最好的黄金 ETF 和黄金股票 ETF 的一些特点（和缺陷），但是请你在做出投资决策之前还是要想想自己是什么类型的投资者。鉴于本书的写作目的，在究竟哪种产品更好的问题上，我们会采取更为中立的立场，这有助于我们集中精力介绍你需要小心的陷阱以及那些最有价值的关键事项。

新兴黄金生产商

新兴黄金生产商通常指的是那些新公司或小公司。这些公司的股票往往波动性较大，风险也更高，但如果你充分了解与之相关的风险，你就会认为它们并不是不好的投资标的。在某种程度上，投资它们类似于投资一家生物技术公司或一家新技术公司：潜力大、所需投入小，但风险高（这再一次印证了风险和潜在收益之间的关系）。我们在前面提到过的诺华黄金资源公司就属于新兴黄金生产商，它是一家专注于黄金勘探的加拿大公司。投资这家公司的风险将比投资大盘股或实物黄金的风险更大，毕竟我们很难预测其实际产量，其股价也可能随时出现大幅调整。2007 年，该公司的股价从 11 月每股 21.91 美元的高点一路跌至 12 月底的 5.87 美元。尽管如此，在随后的大约一年中，黄金价格仅上涨了 25%，大盘黄金股票平均上涨了 27%，而诺华黄金资源公司的股价上涨了 180%，大体上收复了 2007 年的失地。

风险和收益的权衡永远无法避免，在黄金次新股板块中也是如此。通过 ETF 或将风险分散到几只不同的黄金次新股来进行多元化投资，有助于降低投资组合潜在的波动性，但这最终还是需要你自己做出决定。选择投资黄金股不是一劳永逸的事情，但只要进行必要的学习和研究，这就是一种很好的跑赢金价的方式。在本书有关策略的部分中，我们将展开讨论期权交易者在购买黄金次新股时应如何更好地控制风险。

黄金股票期权

在你的投资组合中增加黄金敞口有很多种的方法。虽然我们强烈推荐金条和黄金股（或为了流动性和低成本而推荐金条和黄金股票 ETF），但对于想要真正获得灵活性和最大化风控管理的主动型投资者来说，他们需要知道如何使用期权。以下我们将解释一下为什么需要这样做，以及为什么除了成为一位合格的黄金投资者以外，你还要努力成为一位黄金期权交易者。我们将只讨论交易所交易产品（如 ETF 和股票）这类可以在交易所执行的标准期权（即看涨期权和看跌期权）。黄金期货也有标准期权，只是个人投资者使用期货期权相比股票期权并没有什么内在优势，小交易者可能也很难获得它们。黄金市场上还有其他可供选择的期权类型，有时它们被称为奇异期权

（exotic option），但在我们看来，所谓的奇异不过是高成本和高价差的一种委婉说法罢了。不用说，我们不推荐使用奇异期权。

人们对期权交易的风险有一个误解，我们有必要消除这种误解。我们发现，许多交易者对在黄金市场上使用期权产品多少都有点焦虑，因为他们认为，购买看涨期权或看跌期权的风险要比直接购买股票或 ETF 份额大得多。不可否认，期权是杠杆产品，这就意味着它们有更高的风险，但它们也非常灵活，可以用来降低风险和波动性。期权的这种特征使其成了黄金交易者的有效工具，它们的风险（或安全性）取决于你如何使用它们。

接下来，我们将介绍黄金市场中期权交易策略的一些基础知识。如果你已经很了解期权了，那么你可以直接跳过本章；如果你是新手，请不要担心，我们会为你提供一些有助于进一步学习的资源。和大多数投资产品一样，期权也有学习曲线，如果你是从零开始，那千万不要纠结于细节，先看看你是否对我们在本书中介绍的策略感兴趣。如果答案是肯定的，你就可以开始学习更多关于期权的知识、练习交易，而不必花一分钱或拿你的投资组合去冒险。

美国期权业协会（一个由美国期权经纪商发起和成立的行业自律组织）运营着一个网站，该网站上有很多关于期权交易的免费课程，你只需要登录 www.888options.com 并注册，即可学习这些课程。这是一个很好的开始。芝加哥期权交易所也提供关于期权交易的免费课程，还提供三款免费的模拟交易应用程序，你可以使用它们来测试某些策略，然后再尝试在你的真实账户中进行操作。你可以在 www.cboe.com 上找到这些课程和软件。

看涨期权

当你买入看涨期权时，你就获得了在未来某个时点以特定价格（即行权价格）买入标的股票的权利。虽然看涨期权会到期，但是你可以自主选择期望的到期日和行权价格。在你买入看涨期权后，你可以在第二天或到期前的任意一天卖出。假如你今天买入看涨期权，而第二天金价上涨，那么看涨期权可能会更有价值，你可以卖出它获利。所有的看涨期权最终都会到期，此时它就要被"执行"，这意味着你可以以行权价格买入期货合约指定的某只股票。然而，很少有散户交易者会选择执行期权，因为在期权到期前将其卖出获利通常更容易。

买入看涨期权

2010 年 11 月 16 日，GLD 的每份额价格为 130.97 美元。受市场担忧欧债危机进一步恶化，以及实施紧缩性货币政策存在不确定性的影响，美元持续走强，黄金市场出现回落以寻求支撑。这看似对黄金非常有利，但美元走强对金价造成了压力。随着 GLD 来到支撑位附近，我们貌似看到了重回黄金牛市的潜在机会。

在黄金牛市中，你可以选择买入黄金股或与其对应的看涨期权。看涨期权可以提供杠杆。假如你预期黄金价格会在短期内出现反弹，而且也不想为过长的期权期限付出太多费用，于是你决定买入一个行权价格为 131 美元、有效期至第二年 1 月的看涨期权。该期权的价格为每份额 4.75 美元，或包含 100 份额的每份合约价值 475 美元。这意味着你有权在第二年 1 月期权到期前的任意时点以每份额 131 美元的价格买入标的资产。到第二年的 1 月 3 日，GLD 的价格已经反弹至每份额 138.72 美元，这表明你的预测是正确的，你现在已经有盈利了。而看涨期权此时的价格为每份额 8 美元，或者说每份合约的价格为 800 美元。为什么期权价格会有这种上涨呢？因为此刻你依然享有以每份额 131 美元的行权价格买入标的资产的权利，并附带拥有着一点剩余的时间价值。若要落袋为安，你不需要行使期权买入股票，只需以 800 美元的价格卖出看涨期权合约，便可以拿钱走人。

　　交易者所说的期权杠杆指的是在不必以绝对美元计算进行大额投资的前提下，从标的股票的大幅波动中获利的能力。如果你在 2010 年 11 月 16 日购入 100 股 GLD 股票，那么你需要 13 097 美元；而如果你选择买入看涨期权，那么你只需要花 475 美元就有权"掌控"那 100 份标的资产。相应地，直接买入 GLD 份额的回报率是 6%，而看涨期权的回报率则达到了 68%。杠杆是一把双刃剑，尽管你投资的绝对美元较少，但如果市场反其道而行，你也有可能赔掉你在看涨期权上的全部投入。上述例子旨在简单地说明看涨期权的交易方式和运作方式。买入看涨期权将承担额外的风险（杠杆交易的风险总是要比非杠杆交易的风险更高），但也有可能获得更高的潜在回报。在后面的章节中，我们将深入研究一些有效的黄金期权策略的细节，你将更清晰地了解为什么期权也可以降低你的投资组合的风险，它们不只是为寻求短期大幅波动的激进交易者准备的。

看跌期权

　　与看涨期权相反，买入看跌期权将使你在标的 ETF 或黄金股下跌时获利。交易者购入看跌期权通常是为了对冲其在黄金资产上的多头头寸，而不是真的认为黄金价格会在短期内出现下跌。该策略的精髓在于，看跌期权会随着黄金多头头寸价格的下降而升值，这可以部分抵消对应仓位可能的损失。这通常被称为保护性看跌期权，是大型机构投资者经常使用的交易。当然，买入看跌期权也是投机者在金价下跌时获利的一种简单方法。许多短线交易者会在黄金市场过热、短期下行趋势开始显现时定期建立这样的头寸。

看跌期权让你有权在期权到期前的任意时间以行权价格卖出标的黄金股或 ETF。大多数交易者都不会实际执行看跌期权，而且由于黄金市场具有足够的流动性，因此在期权期限内卖出处于盈利状态的看跌期权几乎没什么难度。对于那些想要以低于现价的价格买入黄金 ETF 或黄金股的交易者来说，如果股票价格有回撤，通过卖出或做空看跌期权（有时这也被称为卖出认沽期权）来开始看跌期权交易也是一种非常有效的策略。这种策略执行起来很简单，是愿意承担适度风险的主动型投资者最有效的长期策略之一。

买入看跌期权

2009 年 12 月 4 日，就在几天前，黄金价格开始从这段时间以来的最高点快速回落。随着金价加速下跌，看跌期权买家开始持有空头头寸，以保护自己的收益或在金价下跌时投机。当时，GLD 的价格刚刚从几天前 119.50 美元跌至 113.75 美元。虽然看空的交易者可能已经卖空了份额或者买入了看跌期权，但买入看跌期权提供了杠杆，而且在当前的形势下，买入看跌期权实际上应该是比直接做空 ETF 更好的选择。在本书后面的章节中，我们将详细介绍这样做的具体原因。请记住，买入看跌期权并不只是黄金熊市或做空黄金来获利的一种方式，还是当你担心市场可能出现下滑时，保护你长期持有黄金的收益的好方法。

当时，行权价格为 114 美元并于 2010 年 2 月到期的平值看跌期权（at-the-money put）的价格为每份额 4.56 美元，即每份合约 456 美元。如果黄金价格继续下挫，那么看跌期权将变得非常值钱，但如果事实证明你的预测是错的，黄金价格立刻恢复了之前的上涨趋势，那么你的损失就是为看跌期权支付的费用。请注意，在你买入期权后，你可以在任意你希望的时点将其卖出，即便市场实际的走势与你预期的不同，你也可以早点卖出看跌期权以减少损失。最终在 2 月到期前，GLD 的价格降到了 106 美元，你至少可以以每份额 8 美元（标的资产价格与期权执行价格之差）或每份合约 800 美元的价格将该看跌期权卖出。你可以获得初始投资额的 75% 的可观收益。这真的是一笔很不错的买卖。

就像我们上面提到的那样，虽然有些交易者可能会通过买入看跌期权从金价下跌中获利，但还有一部分交易者则可能通过买入看跌期权来弥补或对冲潜在的损失。在上述例子中，假如一位持有 GLD 的长期投资者认为 GLD 在经过 12 月的价格破位后，下行态势还将进一步延续，那么他就需要为自己找一些庇护。他可能会通过买入看跌期权冲抵自己的损失，这将防止他损失更大，因为看跌期权的收益能抵消 GLD 长期头寸的大部分损失。通过这种方式，保护性看跌期权在发挥止损机制作用的同时，又避免了当金价在出现短暂峰值后再继续下跌时被"洗出"的风险。

购买保护性看跌期权的交易者可以随时取消这种保护，而且由于看跌期权抵消的收益不可能超过最初的购买价格，因此对于那些在市场波动变得有些极端时寻求暂时性对冲策略的投资者来说，这是其理想的选择之一。我们使用这个对比示例的目的是帮助你了解如何使用黄金期权来增加交易的灵活性。在本书有关策略的部分中，我们将更详细地介绍如何建立这样的交易以及如何管理它们。

黄金期货

如果仅基于美元成交量指标，那么黄金期货是除黄金自身外最具流动性的黄金投资产品。尽管流动性强，但我们对是否应将期货纳入产品类别持保留意见，因为它们需要大量的学习曲线和大量的账户才能有效地进行交易。即便如此，对主动型交易者而言，交易黄金期货不仅费用较低，而且可以使用我们在本书中讨论的任何策略。即使你不打算使用期货来投资黄金，多少了解一些它的运作方式也是非常有用的，因为你可以了解分析师和媒体是如何谈论金价波动和黄金市场中那些潜在的基本面因素的。世界上许多头部黄金交易机构都广泛使用黄金期货，由于大额的持仓和交易情况都要在期货交易所披露，因此这有助于我们更好地了解市场上大笔资金的动向。

如果你是一名美国投资者，那么你将使用的黄金期货会在芝加哥和纽约的交易所进行交易。与股票一样，黄金期货合约可以通过在线经纪账户进行电子交易。我们将在本章后面详细介绍如何寻找和评估优秀的期货经纪人和图表应用程序。你甚至可以在同一经纪商处同时拥有股票、期权、ETF 以及期货账户。

什么是黄金期货合约

黄金期货合约从本质上说是买卖双方约定在未来某个特定时间点按特定价格完成黄金交易的一种标准化协议。绝大多数的黄金期货合约以 100 盎司黄金作为基本交易单位，但也有比较流行的以 33 盎司黄金为单位的期货迷你合约，以及单位为 10 盎司黄金的微型期货合约。当你买了一份期货合约，你实际上就是承诺在合约到期时以当前的期货价格买入 100 盎司黄金。作为期货合约的买方和卖方，如果在合约期满时你尚有持仓，那么你"有义务"完成交割。这很像期权市场中的行权，但在现实交易中，当合约到期时，很少有期货买方实际接受交割，也很少有期货卖方实际办理交割。通常情况下，期货合约会在到期前被反向卖出或买入以实现平仓和获利。大部分的期货经纪商甚至不允许交割真实发生，除非你事先告知他们你的初衷，否则即使你没有自己平仓，他们也会在期货合约期满前强制平仓你的账户，以关闭交易。

如果你认为金价会下跌，那么你可以"卖出"黄金期货，即和对手方约定在期货合约到期时以当前的期货价格卖出黄金。作为卖方，如果金价真的下跌了，你将获利，与此同时，由于你可以在之后以更低的价格买回相应合约实现平仓，因此此时的期货合约也将贬值；反之，如果你认为黄金价格在未来可能上涨，那么你应"买入"黄金期货。假设今天的黄金期货价格是每盎司 1200 美元，而且你认为金价在接下来的三个月里将上涨至每盎司 1350 美元。如果你当即买入期货合约，并且你的预测是准确的，那么你就会获得每盎司 150 美元的收益，即合约金额价值 12% 的回报率。和期权交易一样，期货交易也是杠杆化的，由于交易以保证金而非全部的合约金额为基础，因此实际的回报率要比 12% 高得多。

期货交易者付给经纪商的保证金或者说"押金"只占标的期货合约总金额价值的一部分或一小部分,这意味着交易者只需很少数量的美元便可以掌控大量的黄金。最低保证金要求因经纪商而异,但目前大体的标准是黄金期货合约总价值的 4% ~ 6%。在上一段的那个例子中,为了获得这一标准的(100 盎司)期货合约,你可能需要支付 4800 美元 ~ 7200 美元的保证金。在最低保证金比例下,杠杆或杠杆比例(gearing)使得原本 12% 的回报率陡然变为了 312%。这正是黄金期货令许多交易者心驰神往的魅力所在。但是别忘了,杠杆也有魔鬼的一面。如果金价下跌,那么你的损失可能会超过你初始投入的保证金,而为了维持交易,你就必须持续追加额外的资金以补充保证金。虽然这是一种极端情况,但你需要对此有一些基本的了解。

作为期货的卖方,交易过程和逻辑与上述内容基本上是一致的。如果你以 1200 美元卖出一份黄金期货合约,随后金价跌至每盎司 1000 美元,那么此时你依然有权以 1200 美元的价格进行交割,并因此获得每盎司 200 美元的收益。在到期日来临前,你也可以再反向买入期货合约来平仓,获利了结。事实上,很多期货交易者只会持有期货合约几天、甚至几个小时,便会或赔或赚地平仓离场。与期货合约买方一样,最低保证金要求也同样适用于期货合约的卖方,你需要支付合约金额价值的 4% ~ 6% 以卖出或卖空该合约。保证金是交易的最低要求,因此如果你的预测出了错,那么你就将面临损失,你必须补充更多资金,以使保证金存款满足最低要求,避免被强行平仓。如果亏损越来越严重,保证金要求(保证金加上你的损失)已经超过了你账户中的总金额,那么你将不得不投入更多资金,这被称为追加保证金。

随着市场波动的加剧和方向判断的偏差,期货交易的损失很有可能远远超出你的预期。事实上，如果你过度使用杠杆，又恰巧碰上金价出现较大变动，那么你很快就会搭上你账户中的所有钱。这种情况会时不时地发生在经验不足的交易者身上，而当初为你提供账户的期货经纪商可能最愿意看到这种机会。

黄金期货的优点

相比于其他类型的黄金投资产品，黄金期货具有以下一些优点。

透明度高又无对手方风险。黄金期货和我们之前在第 4 章中讨论的场外黄金投资产品类似，但黄金期货没有后者的缺点和交易对手方风险。在期货交易中，你的交易对手并不是期货经纪商。期货合约在交易所挂牌，价格形成机制更为透明，交易中的双方既处于平等的交易地位，又没有明显的信息优势，同时你还可以实时获取成交量和委托订单流数据，这对技术交易员来说非常重要，但在场外黄金市场上是无法获得这些数据的。

税收优势。在美国，由于期货属于美国税法第 1256 条范畴的产品，因此期货交易者可以享受到一些税收优惠。这意味着无论你持有期货合约多长时间，收益都要按 40% 的短期资本利得和 60% 的长期资本利得纳税，而投资股票或黄金 ETF 则不是这样。另外，在美国，你所有的期货交易都可以在年底集中到一个 1099 税单中，比起要求填报全年交易行为所有细节的（美国纳税申报表）附表 D（Schedule D），主动型股票和期权交易者马上就能意识到这样做的好处。

流动性和有效性。我们已经介绍过全球最大的黄金 ETF 的规模，但其日交易量只是黄金期货市场每日名义价值的一小部分。目前，每日通过芝加哥和纽约交易所交易的黄金价值几乎是通过黄金 ETF 交易的黄金价值的 7 倍。这意味着价差小、执行快和有效性高，所有这些都可以降低短线交易者的成本。

在美国，期货交易的时间是每周日至周五下午 6：00 至次日下午 5：15。这意味着你可以在股票市场休市时参与黄金期货市场的交易。如果你是一位非常活跃的交易者，在金融市场外有一份全职工作，那么这可能是一个非常重要的优势。黄金市场具有全球化特征，因此随时都有交易机会。

黄金期货的缺点

黄金期货也有不少需要引起我们关注的缺点。

复杂的学习曲线。如果你想用最简单的方式完成黄金投资，那期货肯定不行，因为学习如何开立经纪账户、如何杠杆化运作资金，以及如何买入或卖出期货合约都需要你下些功夫。然而，由于回报非常可观，因此每天还是会有成千上万的交易者进入期货市场。如果你想对期货交易有更进一步的了解，你应该先从开立一个模拟交易账户开始，这样做可以让你在不冒任何风险的前提下磨炼身手。

期货升水和持有成本。黄金期货市场处于近乎永久的期货升水状态，这也就意味着较长期限的期货合约的成本比较短期限的期货合约的成本更高，在此基础上，当你在合约到期前将其卖出，并再买入一份更长期限的新合约时，这一里一外你肯定要蒙受损失。仅就这一点而论，不打算频繁调整其投资组合资产配置结构的长期投资者通过投资低成本的黄金 ETF 或实物黄金在很大程度上会获得更优异的收益表现。

缺乏灵活性。最受欢迎的期货合约需要一笔可观的保证金存款，所以当你获得更多资产时，你可能会被挤出市场。如果这对你来说是个问题，仅仅因为无法找到合适你账户规模的期货合约就持有更大的头寸将是一个错误。在你平衡你的资产组合时，还有几种杠杆替代方案可供选择。

如何挑选合适的股票或期货经纪商

我们曾在经纪公司做过员工和投资顾问，这些经历让我们学到了很多关于经纪公司运营的知识，了解了为什么运营模式会随着市场的成熟而发生变化。以下我们将借助经验，帮助你了解对经纪商及其客户而言，真正重要的是什么。对于黄金投资新手来说，这是一个非常重要的问题，因为合适的经纪商能够帮助你降低成本，更轻松地进入市场。如何选择适合自己的经纪商是我们经常被问及的问题之一。事实是，真的没有所谓的最好的经纪商。经纪商的服务有好有坏，但到底哪一个才是最好的，则因交易者个人而异。我们要做的是帮助你思考你可以做哪些分析，以找到最适合你的经纪商。在深入探讨那些最重要的因素之前，先让我们来看看这个行业希望你相信的东西吧！

挑选经纪商不用在一棵树上吊死

许多交易者经常会感觉他们好像被自己的账户束缚了手脚。大多数经纪商倾向于向特定类型的交易者提供有吸引力的佣金、服务和费用，这些佣金、服务和费用只针对一组策略或产品。例如，有几家很棒的经纪商提供黄金 ETF 的免佣金交易，却对执行期权交易收取很高的费用。如果你只投资 ETF 或其他长期头寸，这当然很好，但如果你有意扩展你的策略组合，成本就将成为一个很大的限制。同样，也有几家优质的经纪商专门为主动型的期货和期权交易者提供低成本的服务，但当这些交易者需要调整持仓情况时，经纪商就会收取很高的费用。因此，我们建议，除非你非常认可某家经纪商对理想账户的描述，否则你应该考虑将你的资金分散于多家经纪商的好处。

通过多家经纪商进行多元化交易，可以使你更有效地基于不同的交易策略优化你的成本，并获取更多的交易工具和信息。经纪商对个人持有多个账户的情况早已习以为常，你正好可以借此向你的经纪商传递一个重要的信息：我是一位独立的交易者。当得知自己的客户并不会随波逐流时，经纪商将更有动力改善服务、降低成本，以留住其客户。你和你的经纪商讨价还价的能力可能比你想象的强得多。在美国，获得一个经纪账户的平均成本是 1000 美元，因此当你成功地开立了一个账户时，大多数经纪商都会竭尽全力地留住你。

被粉饰的推介材料毫无意义

经纪商有义务在其营销推介材料中披露关于佣金和费用的信息，但是这些成本的差异远超你的想象。许多费用和收费都被隐藏起来，而白纸黑字出现在对照表上的费率都是精心挑选出来的，目的是让自己看起来比竞争对手更有吸引力。稍后我们将详细介绍这些内容。我们建议，在对经纪商进行评估时，你首先应当忘掉广告。

兼听则明

财经期刊或在线出版物会在季度或年度刊物中对经纪商进行评价和"审查"。但问题是，它们是在审查自己最大的广告商，所以你看到的结论很有可能来自一位因存在利益冲突而没有进行实际交易的作者（大部分受雇的财经记者都不被允许参与交易）。更可笑的是，通常经纪商需要向杂志或出版物支付一定的费用才能参与评审。很难想象这些付费不会左右最终结果。

这里的问题是，在经纪业务中，一种模式不可能适用于所有人，即使评价没有利益上的纠葛或某种程度上的偏见，它与你也没有太大关系。在我们看来，交易者与其翻阅媒体评论，不如踏踏实实地做一些研究，以免在第一次看到经纪商的报告时就被惊掉了下巴。

不要笃信任何人的服务

经纪行业服务普遍不好的原因有 1000 个，但你无法改变这种情况。你可能认为自己是一个在金融市场上摸爬滚打了多年的老手，服务根本就不是什么大问题，但是当你需要打电话向别人咨询时，事情很可能很严重。我们总是会听到读者和行业分析师对此抱怨连天，并将问题归咎于监管制度或利润率低（这肯定是造成这个问题的原因之一），但是账户持有人在开立账户前没有仔细调查经纪商的服务部门也确有疏忽之嫌。在你开立一个新账户前，你可能比较了佣金，可能下载了最新版本的交易软件，但你给他们的服务部门打过电话吗？估计很少有人会这样做。经纪商深知这一点，所以它们不会优先考虑服务工作。在你做出决定之前，你可以使用以下两种方法来调查经纪商的服务部门。

1. 尽职调查。 假设你正在考虑是否要让一个陌生人获得访问你银行账户的权限。在此之前，你想知道关于这个人的哪些信息呢？他值得信任吗？他是不是很缺钱，所以想拿走你的钱？他是否总是说谎或误导他人？当你调查一位新的经纪人或一家新的黄金交易商时，你也应该问同样的问题，因为那些人正是能够真正获得访问你银行账户权限的陌生人。

在开户前，对一家有执照的经纪商进行调查是很容易的。如果你正在调查的是美国的交易商或经纪商，那么你可以求助于美国全国期货协会，该协会在 BASIC 系统中列出了已注册的经纪公司及其业务代表，相关信息可以在其官方网站 nfa.futures.org 上找到。你可以自己试试，查找与你联系的经纪人及其公司的相关情况，看看他们是否已经注册、是否持牌以及是否有什么针对他们的投诉。这会为你打开另一片天地。

美国金融业监管局也为个人投资者研究股票经纪人和经纪商提供了类似的信息，你可以访问其官方主页 finra.org，使用搜索功能 BrokerCheck 查找这些信息。在做出决定前，你应当特别关注一下有关纠纷或纪律处分（如果有的话）等内容。经纪业务代表回答这些关于公司监管和合规历史等问题的方式会告诉你很多关于企业文化和经纪人专业能力的信息。

我们一直认为，尽职调查中最重要的步骤就是打电话和问问题。但令人惊讶的是，投资者普遍的做法是先开立账户再转账，他们甚至没有考虑先打个电话或实地走访一下经纪商的办公室。我们建议你给你意向中的经纪商多打几次电话，感受一下它们的响应速度、回答问题的准确性，以及一线服务人员的专业能力。你应该在市场最繁忙和休市时打电话，看看它们的响应速度以及服务水平是否会有所下降。你可以准备一些问题，例如：

- 你好！请问 GLD 目前的费率是多少？近期会调整吗？

- 今天，黄金期货迷你合约的初始保证金要求是多少？隔夜保证金一样吗？要是不一样，具体又是多少呢？

- 我的账户可以做空看跌期权吗？如果我想做空 GDX 平值看跌期权，那么保证金有什么要求？

- 如果我买入 GOX 这样的黄金指数期权，收益是按 60/40 规则进行纳税，还是都属于短期资本利得呢？

- 通过电话或网络下单购买 GLD 这类 ETF，佣金率分别是多少？

"打电话，问问题"是考查经纪商最直接、最快和最有效的方法，经纪商之间的差异高下立判。随着在线交易平台的普及，经纪商与其客户之间的权利天平已经明显偏向了后者。这对金融行业来说是一种艰难的转变，所以你不应期望每个人都能做出令人满意的回应。

2. 两个步骤获得最优佣金。交易者在黄金市场上能控制的因素很少，这意味着你要让自己能够掌控的因素发挥最大作用（或者让你的佣金最低）。对于不同的经纪商来说，投资标的都是一样的（股票就是股票），所以，为了吸引你的资金，佣金就成了它们可以调整的为数不多的因素之一。表面上看，直接比较经纪商的佣金似乎很容易发现谁的佣金更低，但事实并非如此。佣金比较表有一定的误导性，推介材料中的费率并没有显示你可能需要支付的所有费用（取决于你账户的规模和活跃程度）。

从技术层面讲，经纪商没必要对其宣传的佣金撒谎，但那些看上去很有吸引力的费率往往都经过了多重筛选。这意味着大部分经纪商只会对外展示经过精挑细选的佣金率和交易规模，以显示出它们的收费相对于其竞争对手更优惠。它们可能会为购买 100 份黄金 ETF 的投资者提供最好的佣金率，却隐瞒了购买看涨期权的佣金最高的事实。例如，为了了解行业的发展状况，我们会定期对头部在线经纪商进行调研。近期，主要经纪商交易 100 份黄金 ETF 的最低佣金是每笔 2.95 美元，最高是每笔 10 美元。仅凭这些信息来判断，费用低的经纪商看起来应该是最好的选择，但不明显的是，如果你是一位主动型黄金交易者，另一个经纪商只会对每笔交易收取 1 美元的佣金。但它们没提到的是，即使你不是一位主动型交易者，有几家优质经纪商也会让你每月免费交易三次。

只盯着经纪商的费用对照表没什么意义。它们都是上市公司，倾向于特定的交易形式和账户规模。为了获得更好的佣金，你需要换个角度看问题，即在你打开佣金比较表前，先明确你真正的需求。你可以做以下两件事，以确保自己能够从经纪商那里获得最好的佣金率。

评估并记录你的常规交易需求与规模。在比较成本前，你首先必须知道自己是一位投资者或交易者，你可以写下自己的交易标的、交易频率、委托内容，以及调整、投资或从你账户中取款的频率。你还需要确定自己当前的账户规模和增长速度，以及是否需要设置个人退休账户或访问其他账户服务。这些信息将成为你对经纪成本进行调查的基础。这一步非常重要，因为它是确定你账户总成本的唯一方法。

经纪商不只收取佣金，它们还会收取其账户费用和保证金利息。这些费用的差别很大，可能会对你的整体盈利水平产生很大的影响。例如，2011年，该行业的平均保证金利率基本维持在 7% 左右，与中等级信用卡的利率差不多，但最优的保证金利率不应超过 2%。类似地，有些经纪商会为你的保证金存款支付利息，而有一些则不会。尽管这并不是费用，但如果你的账户规模足够大且经常有现金头寸，这可能就会有很大的不同。账户费用不像佣金那样明显，可能包括对账单费、活动费用、支票费、转账费、借记卡和支票账户费等，这些费用加起来不容小觑。某家最大的上市折扣经纪公司在其 2009 年的年报中披露，该公司 2009 年在客户账户费用和利息上的收入与当年的佣金收入几乎持平。这并不罕见，如果经纪商可以避免满足你的特定需求及权利，那你不太可能意识到它向你收取了多少费用。

一旦你知道了作为投资者可能需要付出的成本，你就可以开始做一些调研了。但是，请不要去经纪商的网站，那上面的信息并不能完全回答你的问题，这是另一个你完成尽职调查的机会。带上你的交易记录以及你作为交易者的介绍去与你感兴趣的所有经纪商谈一谈，让它们告诉你，你每月和每年的总成本大概是多少。我们可以向你保证，很少有客户寻求这种反馈。你调查的一些经纪商可能会拒绝详细讨论费用问题，甚至拒绝沟通，这没什么，因为拒绝本身就是一个有价值的答案，它告诉你与那位经纪商合作会发生什么。

做这样的调查会迫使经纪商把你当成一个人，而不是一个账户来看待，而你也想从一开始就与你的经纪商建立一种个人关系。如果你把从经纪商那里得到的答案与你从推介材料中获得的价格进行比较，结果肯定会令你大吃一惊。当把所有成本和你的独特需求都考虑进来的时候，某些经纪商一开始看起来收费很高，但现在看起来它们的收费却可能比其竞争对手低得多。

获得更优佣金率。在美国的消费文化中，除了购买汽车、房产和珠宝等大件商品外，很少有人讨价还价，因此在金融行业中，交易者也很少向其经纪商要求更好的费率。个人佣金可能并不高，但是时间一长，累积的费用就相当可观了。列示在信息披露文件和营销推介材料中的佣金和费用并不是投资者可以获得的最低佣金。根据你的账户规模和交易活跃程度，好一点的经纪商会愿意与你协商一个更好的成本结构来拿到你的单，但它们不会主动这样做，你需要自己提要求。

虽然有一些经纪商拒绝沟通，但大多数经纪商还是愿意与你坐下来，就个别事项或整体费用和成本谈一谈的。经纪行业的一个行规是默认可以接受另一家经纪商的报价。例如，假设你很中意经纪商 A，因为它提供了非常好的工具，使你可以在同一平台上交易黄金 ETF 和黄金期货；而经纪商 B 虽然在成本上有较大优势，但无法提供相同的产品或服务。你可以试着要求经纪商 A 给出与经纪商 B 相同的价格，因为它会尽可能地促成交易。这也是你在与它们的关系中占据有利地位的大好时机。经纪商为你服务，而不是你为它服务。

你的经纪账户安全吗

大多数经纪账户的安全保障方式与银行账户的存款保险模式类似，然而并非所有的账户都有保险，而且保险也有限制。很显然，这不是一个需要你经常考量的事项，但如果需要它时，它却不存在，那就会出大问题。关于账户保险，你不需要知道太多，但这是一个你在调研经纪商时可以与它们交谈的好话题。在美国，股票和期权经纪商都要为投资者的账户向美国证券投资者保护公司（Securities Investor Protection Corporation，SIPC）购买保险，以防止投资者在平仓时遭受损失，但美国证券投资者保护公司只补偿损失的资产。如果经纪商破产了，投资者的大部分资产最终可能会得以返还，而美

国证券投资者保护公司只会介入，补偿那些不能被返还的资产，补偿上限为
50 万美元。

但是在美国，许多投资者都会惊讶地发现自己的某些账户甚至连这个最
基本的保障措施都没有。黄金交易商和场外公司通常根本不会为投资者的账
户投保。其他经纪商可能会为大部分账户投保，但不会为黄金投资账户等特
定类别账户投保。例如，2005 年 10 月，美国当时最大的期货经纪公司——
瑞富集团（Refco）深陷财务丑闻，该公司 CEO 在隐匿了 4.3 亿美元的坏账
后跑路。该公司实际上已经资不抵债，虽然大部分账户持有人只需要等待他
们的资产被返还和保险生效，但仍有一小部分投资者因为他们的账户完全不
受保护而失去了所有资金。

瑞富集团没有为那些特定零售账户投保的做法并没有违反相关法律法规
和监管规定，但这对账户持有人却有很大的影响。你可以与你的经纪商谈
谈，如果它们破产了会发生什么，看看你的账户有没有保险。如果有，就看
看是否只是最低限度的保护，或者它们是否购买了额外的保险。不要乐观地
认为华尔街上的公司永远光鲜亮丽、永远有偿付能力。作为一名账户持有
人，你需要明确自己的账户是否获得了保护，更应当清楚一旦经纪商陷入困
境将会发生什么。

国际账户

人们总会问我们这样一个问题：如果不居住在美国，是否可能持有美国
的经纪账户来买卖在交易所上市的黄金产品呢？大多数经纪商都会愿意为你
开立国际账户，你只需要打一个电话就行。经纪商的客服人员会告诉你需要

额外准备的资料。总的来说，即使你不在美国，开户的过程也很简单，只需要几个星期的时间就能搞定。

开立国际账户需要填写传统的经纪账户申请表和美国国家税务局（Interal Revenue Service，IRS）的一张表格（即 IRS Form W–8）。这张表格用以确认你的非美国居民身份，通常需要以打印件的形式寄回给经纪商，虽然这可能会花一些时间，但都不是什么大问题。表格只有一页，五分钟就能填好。经纪商还会在每年年底向所有账户寄送一份名为 1099 税单的文件，这份税单由第三方机构准备，这些机构不会在区分美国国内账户和国外账户方面下太多功夫。如果你收到了这些表格，你可以寻求当地专业人士的帮助，以确定你的交易活动如何影响你在当地司法管辖区的纳税义务。

实物黄金

对于一部分黄金投资者来说，实物黄金是无可替代的。除了黄金牛市可能带来的盈利，从理论上说，持有实物资产可以保护你免受信用风险以及黄金 ETF、黄金存款、黄金期货和黄金基金固有的轻微不确定性的影响。当然前提是，你必须支付存储成本或承担持有实物黄金资产的风险。虽然鱼与熊掌不可兼得，但持有实物黄金仍然提供了一定程度的控制和直接接触市场的机会，一些投资者认为这很有吸引力，如果行事得当，其缺点的影响可以被最小化。下面我们将介绍几种不同形式的实物黄金产品（包括金币和金条），但在大多数情况下，最好的投资标的可能与个人偏好有关。

金币

我们已经介绍了金币市场中存在的一些问题。尽管如此，如果你能有效规避硬币价值中与"可收藏"相关的问题，那么它也不失为一种不错的投资选择。要想做到这一点，你可以亲自与经验丰富且诚实可靠的交易商完成交易，或者尽量从合法渠道购买新铸金币。一位好的交易商会在金币内在价值的基础上收取 4% ~ 6% 的溢价，但是通过亲自与卖方交易，你可以避免与快递公司相关的许多其他费用和风险。最近，我们对一些黄金交易商做了一个简短的调查，它们出售 1 盎司美国水牛金币［American Buffalo，纯度为 99.9999%，由美国造币局（U.S. Mint）发行］，平均每枚金币售价为 1424 美元。当时的黄金现货价格为每盎司 1362 美元，这个溢价也算不高，但与 IAU 相比，摊平这部分"成本"仍然要 18 年；与 GLD 相比，摊平这部分"成本"也需要 11 年。

我们建议你远离金币公司的广告和电视广告，它们的加价几乎永远比好的交易商高得多（通常为 25% 或者更高）。一旦你拿起电话下单，你面临的可能就是销售人员的硬性推销。我们的建议是，购买金币的最好方式就是从经销商那里购买，你可以亲自完成现场交收。这些经销商的名单可以在美国造币局的官方网站 www.usmint.gov 上找到。多打打电话，货比三家，在确定自己拿到一个公平的报价后再亲自挑选心仪的经销商。这样做既能节省运输费用，又能确保经销商不是在营销广告包装下没有信用且唯利是图的黑心商贩。以这种方式购买金币或银币很容易，而且即使出现意外情况，你也更有可能行使追索权。亲自走访交易商也是一种非常不错的方式，有助于你了解货币市场的运作方式。假设你想卖掉自己手里的金币，但你对此一窍不通，这很难不吃亏。总的来说，金币易于交易和存储，这就是很多交易者更偏爱它们的原因。

金条

金条或金锭的重量可以从几克到 400 金衡盎司（troy-ounce，金条的标准交易单位）不等。金条的纯度从标准的 99.5% 到最高的 99.999% 不等，价格也因重量和纯度的不同而有所差异，但金条可以像金币一样从交易商那里买到。在很多情况下，美国造币局在其官网上列示的金币交易商也是金条交易商。

如果你觉得持有实物资产对你很重要，那么请记住，你购买的实物金条多少都有一定的溢价。虽然溢价的幅度各有不同，但如果买得多，并找到一家更成熟的交易商，通常溢价能更低。千万不要相信那些以现货价格或低于现货价格出售黄金的交易商，毫无疑问，这是一个骗局，等待你的是一个无底洞。有很多交易商和私人铸币公司都在这样做，除非你练就一双火眼金睛，否则很容易上当受骗。

在你购买金币或金条前，你也应该进行尽职调查，就像挑选股票或期货经纪商那样。你可以多与其他投资者交流，尤其是那些曾将黄金卖回给交易商的投资者。如果你打算进行大笔购买，合法合规的交易商应该会很愿意为你提供具有参考价值的交易记录。如果你是美国的投资者，那么与你所在州的商务部和商业改善局（Better Business Bureau，BBB）核实交易商的相关情况也是一个不错的方法。无论你要购买金币或金条，你都有必要提前安排好存储和保险等相关事宜，尤其是当你的交易金额较大时。我们经常看到关于窃贼似乎特别擅长找到房主藏起来的黄金的新闻报道。金币在被盗后很难被找回，因为它们通常没有独立的标号，窃贼不费吹灰之力就可以通过邮件或网络卖掉它们。

📖 **延伸阅读**

黄金的存储

通过一家能提供审计和安全存储服务的公司购买黄金不仅是可能实现的，而且可能是更可取的。有多家公司都在从事相关的业务，这对于长期投资者而言更加便利。在大多数情况下，如果你认为必要，那你可以要求该公司把你的黄金运给你，同时你可以按照该公司定期发布的价格将黄金卖回给它。由于它会现场审核和盘点你的黄金，因此不存在运输问题，买卖金条也更简单和更透明。例如，BullionVault 就是一家专门为小型个人黄金和白银投资者提供销售和存储服务的公司。它每天都会对投资者持有的黄金进行审计，购买金条可被视为"托管"，这意味着该公司无权像黄金银行那样对黄金进行杠杆操作，而且如果该公司倒闭，黄金也不能被清算。黄金的实际所有权人是你，而不是公司。类似这样的公司还有很多，但由于这还只是一种新兴的商业模式，因此竞争并不激烈。

在你买卖黄金时，BullionVault 公司会收取 0.8% 的佣金（大约相当于购买等值黄金 ETF 份额四年的费用）和每年 0.12%（即至少 48 美元）的存储费。全部算下来，这肯定比购买黄金 ETF 更贵，但你

实际拥有的是金库里的黄金，而且有人为你审计、投保并负责安全保卫，这样看倒也值得。具体的投资过程很简便，线上就可以完成。对这样一家大公司进行尽职调查相对容易。我们之所以挑选这家公司作为例子，是因为其目标客户群体是小型零售客户（散户）。这种定位让公司在过去几年中呈指数级增长。该公司又从世界黄金协会获得了新一轮 1250 万英镑的融资。如果你打算买入并持有黄金，却不愿意承担自己存储它们的风险，那么像 BullionVault 这样的公司就是你的首选。

有很多银行也有类似的服务，但是你要确保自己了解实际你持有的已分配黄金和你并不真正拥有的未分配黄金之间的区别，这些黄金可以被银行杠杆化。许多黄金交易者惊讶地发现，他们一直在为自己认为实际存在且属于自己的黄金向银行支付费用，事实上这些黄金属于未分配的黄金资产池的一部分。例如，2009 年，摩根士丹利就因向其客户收取购买、存储和审计可能并不存在的黄金的费用而被告上了法庭。虽然最终摩根士丹利没有承认指控，而是通过庭外和解了结了此事，但业内大多数分析师都认为原告的主张是真实的，而且这种做法在行业内也非常普遍。

我们要再一次强调，我们并不推崇持有实物黄金，因为从成本收益的角度看，这样做并不划算。无论你怎么做，在短期内，与我们在本书中介绍的其他投资工具相比，实物黄金都是流动性低、灵活性受限且持有成本高的投资标的。在我们看来，间接持有黄金（ETF 和期货）的风险往往被夸大了，而持有实物黄金的真实风险又往往被个人投资者低估了。我们一直希望你明白的是，当你决定购买实物黄金时，你知道的是最好的方法，而不是最常见的方法。在黄金市场中，这是两回事。

第 6 章

黄金投资技术分析

　　黄金市场的走势与股票市场不同。事实上，由于货币市场通常呈"均值回归"趋势，因此其总体趋势与其他主要金融市场不同。另外，因为黄金不以取得回报为初衷，而这种中立性会影响价格走势，所以使其也不同于股票市场。一国政府更希望看到的是货币对黄金或其他主要货币的汇率波动很小。过去，人们曾多次尝试将外汇或黄金汇率固定或限制在一个狭窄的波动范围内，但从长期来看，无一例外地都以失败告终。最终的结果就是，自由浮动的货币（包括黄金）往往在两个方向上都能呈现出相当持久的趋势。因为黄金是一种货币，因此想让其永远上涨的唯一方法就是其他所有货币都贬值为 0，而这似乎是不可能的。

　　了解黄金（货币）市场和股票市场的不同非常重要，因为适用于股票市场中的许多假定前提并不同样适用于黄金市场。在你调整自己的分析框架时，最大的难点之一便是要抛开对黄金市场趋势的情绪化判断。与股票不同，金价下跌不一定是坏事，同样，金价上涨也不一定是好事。如果从长期看，黄金对美元确实开始回归到其平均价值，那么你需要保持必要的灵活性，而技术分析则是洞悉黄金市场这些短期趋势的有用工具。

在本章中，我们将介绍一些在黄金市场中具有一定指导意义的技术分析方法和工具，学习这些内容可以为你未来的自主分析和研究铺平道路。在后面讨论具体的长期和短期交易策略时，我们也将用到其中的某些方法和工具。然而，在你准备揭开技术分析的面纱之前，你首先需要获得必要的优质基础数据资料。在本书中，我们使用的是 MetaStock 的专业级图表，但其实你也可以找到很多其他很不错的资源，你可以免费或以非常低的价格使用它们。在本章后面的部分，我们还会为你推荐一些你现在就可以使用的图表工具。

技术指标

技术指标是非常灵活的，但像所有的分析工具一样，它们很容易被误用，而且会让投资新手完全摸不着头脑。它们是过滤市场噪声最有效的工具，通常被用于形象化地展示市场信息，使预判市场的未来走势变得相对简单。它们还可以用于在短期内确定进入或退出市场的时间。

绝大多数的技术指标使用价格、成交量、时间三者中一种或多种来生成显示在黄金价格走势图上、上方或下方的图形。技术指标是一种参数化的设定，所以你可以根据你的个人偏好和策略对它们进行修改和调整。虽然有数百种不同的技术指标可供选择，但它们往往被归入以下两到三个类别。

移动平均线和价格波动带

这类指标包括相对简单的基于特定回溯期内黄金收盘价格平均值的移动平均线（moving average，MA）和相对复杂的基于波动率和震荡方向围绕实际黄金价格扩张或收缩的价格波动带。这些指标的回溯期因交易者而异，常见的参数包括 30 日、50 日和 200 日移动平均线。

震荡指标

震荡指标 [1] 是投资者疑问最多的一类技术指标，因为它们被以不同方式修改和过度优化，以匹配历史价格。市场上很多"顾问"都会售卖一些特别的震荡指标或公式，但其实它们和使用了几十年的其他指标没什么太大区别。由于没有任何方法或指标能够始终有效，所以为了保持一致性，我们通常会选取那些在原始定义和参数设定下的指标。震荡指标主要用来显示市场潜在趋势的强度，对寻找交易时机的短线交易者很有用。

波动率或市场情绪指标

这类指标对价格变动的滞后性最小，也很难被过度优化，这意味着基于波动率指标的数据更准确，更方便在分析师间进行比较。最重要的市场情绪指标便是芝加哥期权交易所波动率指数（volatility index，VIX），它是几十年来最受股票和期权交易者青睐的情绪指标。虽然黄金交易者觉得这个指标有点意思，但是黄金和股票的价格对投资者恐慌和信心的潜在变化都非常

---

[1] 震荡指标是动量指标的另一种表现方式，以震荡量的百分比来表示，因此也被称为变动率（rate of change，ROC），最早出现于 H. M. 盖特雷（H. M. Gartley）1935 年的著作《股票市场的获利》（*Porfits in the Stock Market*）。——译者注

敏感。

与价格模型和斐波那契分析（Fibonacci analysis）一样，技术指标也是独立于时间框架的。这意味着无论是以 10 分钟或以小时计的分时图，还是日线或周线图，技术指标都同样适用；然而，这只在理论上正确。现实的情况是在较短的时间框架内，交易成本要高得多，除非你找到了某种特殊的优势（一般不太可能），否则短线交易将非常困难。

总的来说，我们都认为自己更应被归为技术分析师或"制图专家"。换句话说，我们相信数据图表是分析基础数据、交易者情绪、资金流向和风险的最有效方法；然而我们也清醒地意识到，技术分析新手在刚刚开始使用技术指标和价格图表时可能存在误区。在你使用技术分析做出交易决策之前，对以下问题有一个透彻的认识至关重要。

指标叠加

我们用指标叠加（indicator piling）来指代那种为提高成功率而在图表中添加过多技术指标的做法。对技术分析新手而言，这是一个非常普遍的问题，在黄金和货币市场的交易新手中尤其明显。例如，假设经过一段时间的实践，你发现在基于指数平滑异动移动平均线（moving average convergence-divergence，MACD）这种震荡指标所做的交易中，有 40% 的交易是盈利的，而在基于移动平均线所做的交易中，有 30% 的交易是盈利的。你很有可能会就此认为，只要你有足够的耐心等到两个指标一致，你的胜率就会大幅度提高，因为你的选择更多，而且有了来自两个指标的"双重保险"。许多交易新手都会这样做，他们期望结合使用两个指标将把他们的胜率提高至 70%。

　　用不了多少时间你就会发现，增加更多技术指标并不能有效提高胜率。事实上，这样做的结果往往是胜率比单独使用两种方法中的任何一种都低。问题在于，即使我们认为技术指标能够为你带来成功的可能性（但实际上它们不能，我们将在下文解释原因），它们也不能一起使用，因为"分析"是以替换来完成的。用统计学家的话来说就是，由于指标不能相互影响，因此在图表中添加更多的指标无法真正改变成功率。理论上，叠加更多指标后的成功概率不会高于使用最不准确指标的概率，因为你必须等待所有指标达成一致，显然也包括最弱的指标。

　　胜率之所以最终会趋向甚至低于有效性最低的指标，是因为你的买入和卖出行为都有一定的滞后性，这不仅会导致你在很大程度上错过趋势中的一大部分潜在收益，而且会导致你在市场开始出现不利于你的变化时"坚守"得太久。纠结于一堆冗余的图表并等待多个指标达成一致既费时又耗神。专注和精通于一种简单的分析方法更具优势。请记住，技术分析和基本面分析都只是我们用来预测未来趋势的工具，绝不是一门精确严谨的科学。

过度拟合

　　由于技术指标参数可以通过各种各样的方法进行修改和调整，因此交易者经常会陷入过度拟合指标以最大化契合历史数据的怪圈。这意味着交易者改变了特定指标的常规参数，并对其进行了调整，直到该指标与过往的价格波动完全匹配。但是，由于黄金市场的价格走势并不符合正态分布（有太多较大的异常值），因此这种对过往价格数据的过度拟合无法增加市场在未来延续以往和现有表现的可能性。

关于哪些参数设定最适合特定的技术指标一直有很多争论，我们通常建议首选最常见的参数，即那些由指标创建者最初设置的参数。如果你有兴趣深入了解最受欢迎的技术指标背后的更多细节和它们是如何被创建的，你可以读一读约翰·布林格（John Bollinger）、威尔斯·威尔德（Welles Wilder）和杰拉尔德·阿佩尔的著述，他们分别是布林线（Bollinger bands）、相对强弱指标（RSI oscillator）和 MACD 指标的创建者。

利用技术指标识别市场趋势

三类技术指标都可以用于确定趋势的方向和 / 或强度，这对黄金交易者来说非常重要。从本质上讲，黄金也是情绪导向型的金融产品，其趋势的变化可能是迅速且剧烈的，了解趋势将有助于执行交易和适时调整。如果仅仅观察过往数据，趋势就只是个简单的概念，但是当你"身在此山中"的时候，确定趋势尚在延续还是已经反转就困难多了。

一家大型货币和黄金交易商的首席市场官几年前曾经和我们谈到，如果零售交易者能学着顺势而为并避开一些捷径，他们就会更成功。事实也的确如此，但要是你能知道趋势会在何时开始、何时结束，你早就一夜暴富了。令他沮丧的是，交易者无法理解这个看似简单的概念。当然，和许多欠缺专业能力的经纪人一样，他不是一位交易者，也没有意识到他正追求的不过是技术分析的圣杯。能够区分持续和新出现的趋势或者趋势逆转是非常困难的；然而，我们可以做一些事情，帮助自己更轻松地使用技术指标。

在接下来的例子中，我们将使用两种技术指标来确定当前的趋势并找出潜在的突破点，前者确定了我们的交易方向，后者决定了交易时机。

长期趋势是向上还是向下

移动平均线（MA）使用起来很简单，尤其是当两条线一起使用的时候，它们就能成为有效的趋势指标。虽然理论上有无数种均线组合，但标准的趋势指标通常是由 50 日和 200 日移动平均线组成的。当 50 日移动平均线位于 200 日移动平均线上方，趋势向上，反之亦然。在图 6-1 中，黄金价格 50 日移动平均线和 200 日移动平均线形成了黄金交叉（golden cross，即图 6-1 中的 A 点），同时确定了 2009 年的上涨趋势。

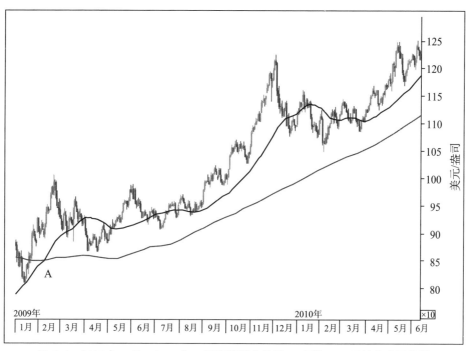

图 6-1　2009 年 1 月—2010 年 6 月现货黄金价格 50 日和 200 日的移动平均线

数据来源：MetaStock。

你经常会在财经媒体中听到所谓的死亡交叉（death cross）和黄金交叉，前者是指 50 日移动平均线向下穿过 200 日移动平均线的情况，后者是指 50 日移动平均线向上穿过 200 日移动平均线的情况。这种浮夸的术语很可能过度夸大了其实际意义，但确实从另一方面表明，黄金市场的交易者应将其视为一种重要的趋势指标。

黄金价格准备好突破了吗

技术派交易者随时都在等待着强势入场信号。黄金市场是一个高杠杆率的市场，投资者往往会对新闻或其他突发事件迅速做出反应，这决定了黄金价格的敏感性。结果是当黄金价格保持平稳或开始窄幅波动时，正是突破在积蓄力量。在潜在的突破发生前，识别价格微小异动最简便的方法就是使用布林线这个技术指标。布林线由一条短期移动平均线和两条带状区间构成，这两个区间位于短期移动平均线上下两个标准差处。当黄金价格非常平稳时，这两条线会收窄或"挤压"，而当黄金价格出现波动时，两条线之间的空间则会快速扩大。

图 6–2 向我们展示了 2009 年 8 月（图 6–2 中 A 点）、9 月（图 6–2 中 B 点）和 10 月（图 6–2 中 C 点）发生的一系列收窄。每一次收窄都发生在合理的支撑位（前期高点），也预示着向上突破。这是一组典型的趋势交易的入场信号。基于此，交易者会在收窄且突破之后建立新的多头头寸，因为此时 50 日和 200 日移动平均线已经表明主流趋势是看涨的。

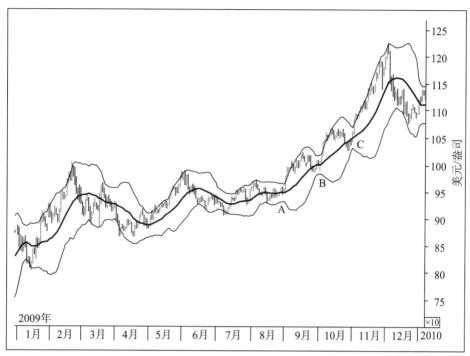

图 6-2　2009 年 1 月—2009 年 12 月现货黄金价格的布林线

数据来源：MetaStock。

当收窄开始加剧，随着市场触及支撑位但价格波动方向发生变动前，大部分交易者会在有效支撑反弹之前进行交易。图 6-3 为我们提供了一个非常贴切的例子。布林线的收窄出现在 2010 年 10 月 28 日，当时价格回落到了 1026 美元的支撑位（9 月的高点），而后在接下来的一个月里上涨了近 20%，最终在 12 月初见顶。

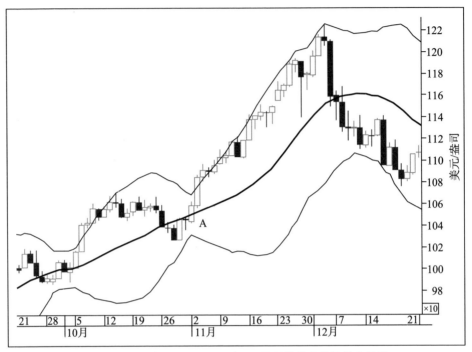

图 6-3　2009 年 10 月—2009 年 12 月现货黄金价格的布林线

数据来源：MetaStock。

　　事实上，依据技术指标分析完成的交易不会百分百成功，所以如果你此前从未做过短线交易，那么在你真正准备大干一场之前，你最好先操练一下。即使是使用这种基于趋势的技术信号建立新头寸或增加现有多头头寸的长期投资者，也应在"真刀真枪"地交易之前练习使用这些工具。

　　幸运的是，趋势指标是迄今为止市场上最常见的技术分析工具。可以说，几乎每一种制图软件都包含这些指标。它们很容易应用于图表，有助于使用者直观地预估趋势和潜在的突破点。虽然交易者无法预测趋势何时会反转，也无法准确预测金价拉锯战（即黄金价格快速且反复震荡）何时会抹去最近的一些涨幅，但是大多数分析师都认为遵从趋势的交易会为愿意承担额外风险的交易者带来些许优势。在本书的策略部分，我们会在建立中期交易的例子中进一步探讨趋势指标的运用。

为什么"超买"和"超卖"和你想的不同

震荡指标经常被错误地归类为反转指标，但实际上，它们在识别趋势时比明确反转信号有效得多。我们之所以对震荡指标敬而远之，是因为它们往往在很大程度上滞后于价格，然而它们依然被相当多机构交易者使用，并在适当情况下发挥着重要作用。与趋势指标不同，震荡指标通常用于价格图表上方或下方的子视窗中。图 6–4 展示了一个应用于 2009 年黄金价格的震荡指标——顺势指标（cmmodity channel index，CCI）[①]。当 CCI 高于 100 时，市场被视为处于超买状态（图 6–4 中 2009 年 9 月的 A 点），而当 CCI 低于 –100 时，市场则被视为处于超卖状态（图 6–4 中 2009 年 4 月的 B 点）。如果你仔细观察图 6–4，你会发现 2009 年 CCI 出现超买的情况要比超卖的情况多，这与市场处于上涨趋势中也是相吻合的。

---

① 顺势指标的本意为"商品路径指标"，由美国股市技术分析家唐纳德·兰伯特（Donald R. Lambert）于 20 世纪 80 年代发明，设计的初衷是为了识别期货市场中出现的周期性转折，后被广泛应用于股票市场。CCI 有短线指标之王的美誉，本质上是一个统计学的计量指标，用于衡量现价与某周期内均价之间的偏离程度，以识别市场超买或超卖，研判短线反弹顶点和回调底部拐点。CCI 数值没有运行区间的限制，可以在正无穷和负无穷之间变化，但实践中有相对的技术参照区域，即从正 100 到负 100。——译者注

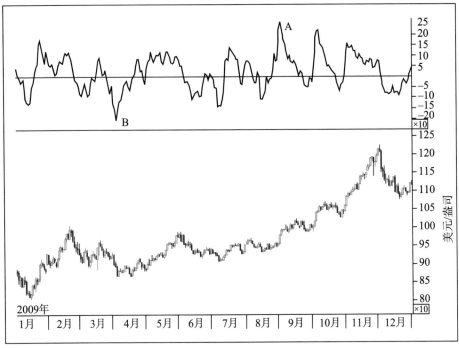

图6-4 2009年1月—2009年12月现货黄金价格的CCI技术指标

数据来源：MetaStock。

"超买"和"超卖"这两个词在黄金市场中有一定的误导性，因为趋势可能会持续很长时间。超卖并不意味着交易者应该伺机以较低的价格买入，超买也并不意味着黄金价格已经过高，上涨势头会戛然而止。结合趋势状态来看这些指标会让分析更有价值：如果黄金市场总体看涨，那么CCI可能会在较长一段时间里保持在超买区域，这可以被视为建立新的多头头寸的强烈信号。在牛市期间，短暂的超卖指标数据传递着新的买入信号，然而如果黄金市场步入熊市，那么可能应该避免短期多头头寸。

与布林线和移动平均线一样，当黄金价格处于上行趋势的支撑位或下行趋势的阻力位时，CCI 都能发出强烈的信号。图 6–5 展示了当价格处于上升趋势时，每次 CCI 发生超卖信号后，价格随后在技术信号确认的同时出现反弹的情形。虽然震荡指标不会在趋势中产生很多的进场信号，但是对于意在优化或调整其长期头寸的投资者来说，它应该很有效。

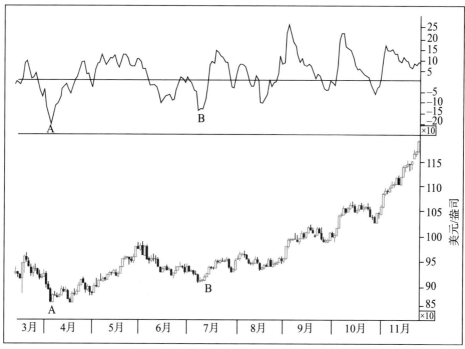

图 6–5　2009 年 3 月—2009 年 11 月现货黄金价格的超卖 CCI 指标

数据来源：MetaStock。

黄金交易者往往会错误地将超卖或超买数据作为终止和改变交易的信号。由于市场存在不确定性，震荡指标可能会在两个极值之间非常迅速地切换，以这种方式在市场中交易和退出市场将可能导致损失。这一策略的第一个问题是，移动平均线等技术指标因依赖回溯期而总是滞后于价格。当黄金价格突然变动时，指标永远只是追随者。如果你使用震荡指标来把握进场时机，那情况还会相对好些，但这也会导致你提前退出市场，还可能会使你面对逆势建仓的更大风险。第二个问题是，"终止和转向"交易系统在价格"折返"期间存在过度交易的困境，这将推高交易成本。

综合趋势状态使用震荡指标有助于改善你的预判和交易效果，但总是会有不理想的交易和投资。没有哪一个震荡指标可以每次都精确地指出入场时机，也就是说，除了把时间花在技术分析上外，你还需要关注交易过程的其他方面。成功的黄金交易者倾向于遵循帕累托法则（Pareto principle，即80/20法则），并将更多的时间用在头寸规模、资金管理、多样化和降低成本等他们所能控制的因素上。

通过背离发现趋势逆转

虽然这也许只是个人偏好，但是我们发现，技术指标更像投资新手的辅助轮，并不能提供任何基于观察价格走势本身所无法获得的信息。然而，万事皆有例外：震荡指标可以很好地预测趋势逆转。趋势逆转的信号之所以如此关键，是因为它们提示了市场可能会出现混乱。在牛市中，出现逆转信号并不一定意味着你应即刻清空你的多头头寸并做空市场，但它是一个很好的时机信号，预示着此刻你应当加强风险控制，并评估重要的风险敞口。在看跌趋势中，情况正好相反。逆转信号不仅有益于趋势内的交易管理，而且相对微小的反转信号还是明确的长期趋势中难得的切入点。

和移动平均线一样，由于震荡指标在过往期间内具有平抑价格的作用，因此它们无法体现实际价格图表中出现的某些极端价格。在某些情况下，这也是一种优势。当价格图表中的极端峰值和低值与震荡指标中的峰值和低值的方向不匹配的时候，背离信号就出现了。在上行和下行的趋势中，这种背离会以相同的方式发生，它们在黄金市场上有同样的作用。

顶背离

图 6-6 中，黄金价格的两个连续高点与图中对应的 MACD 震荡指标的峰值是不相符的：MACD 显示的是实际的高点，表明趋势中可能出现反转

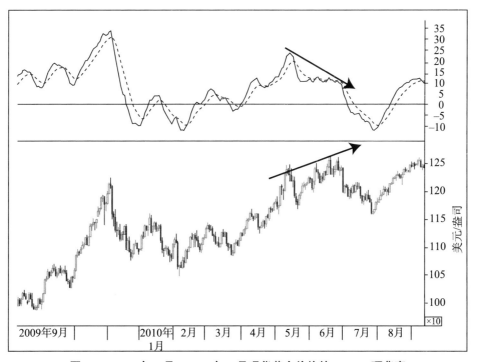

图 6-6　2009 年 9 月—2010 年 8 月现货黄金价格的 MACD 顶背离

数据来源：MetaStock。

破位。在 2010 年黄金市场强势上涨的过程中也曾出现过这种情况，因此我们不会将其视作 5 月至 6 月的离场信号，但这是对现有多头头寸进行额外风险控制（比如卖出备兑看涨期权）的好机会。果不其然，整个 7 月的调整接踵而至，达到了 8%。对于备感压力的黄金交易者而言，在这段时间里有额外的保护或采取多元化策略将很有用。

底背离

底背离是顶背离的镜像。由于黄金价格目前尚处在长期的上涨趋势，因此相较于前者，我们更倾向于对这种信号给予更多的关注。顺便说句题外话，如果美联储恢复信心、上调利率，美元也能维持其作为世界储备货币的主导地位，那情况也许会有所改变。在长期上涨趋势中，底背离是买入或进场的信号。

图 6-7 显示了短期价格图表（此处使用的是 120 分钟 K 线图）中出现的 MACD 底背离是如何导致黄金价格在随后两周内展开了一次非常完美的反弹。背离过程在 2010 年 10 月 22 日结束，到 2010 年 11 月 9 日顶背离显现之时，每盎司黄金价格已经上涨了 60 美元，并最终将短期上行趋势的峰值定格在了每盎司 90 美元。我们在此使用短期价格图表是为了说明技术分析是如何独立于时间框架的。无论你使用何种时间框架，只要你能保持前后一致，并明白短期交易将导致更高的成本，那分析结果都将是有效的。

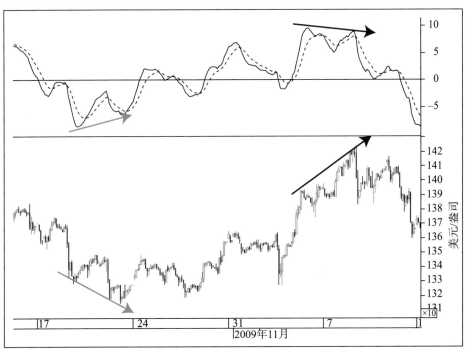

图 6–7　2009 年 9 月—2010 年 8 月现货黄金价格的 MACD 底背离

数据来源：MetaStock。

　　类似这样的背离形态很容易找到，在你的交易中使用起来也很简便。在这个例子中，我们使用了 MACD 是因为其在熨平过度偏离的价格极值和平滑曲线方面有非常好的效果。而像 CCI 这样漂移更快速的震荡指标会对市场的波动过于敏感，无法很好地识别价格最可能过度膨胀的时刻。那些反应更灵敏、赋值漂移更快速的震荡指标会为你提供更多的信号，但是其中大部分都只是让你"虚惊一场"。此时，滞后性反而对我们有利，可以在黄金市场上产生非常有效的交易信号。

波动率指数

波动率指数（volatility index，VIX）由芝加哥期权交易所编制和发布，绝大多数制图软件都会使用该指数。VIX 不是股票或期权，而是一个用于衡量股票投资者情绪的指数。乍一听，它好像对黄金交易者用处不大，但实际上它非常有用，别忘了黄金和股票在争夺市场资金。如果 VIX 能够告诉我们交易者对股市的预期如何，那么它也能告诉我们很多关于黄金需求的信息。有时交易者会把 VIX 称为恐慌指数（fear index），因为当投资者恐惧情绪强烈、信心低落时，该指数就会上升。该指数通过衡量标准普尔 500 指数期权隐含的波动率水平来做到这一点，当投资者担心股票市场下跌时，该指数便会上升。例如，图 6-8 展示了次贷危机期间，面对 2008 年 9 月雷曼兄弟公司（Lehman Brothers）破产和股票市场开启暴跌模式时，该指数的上升幅度是多么的惊人。

直至 2008 年 10 月初，当 VIX 突破层层阻力位并触及历史高点时，大多数投资者才明白他们将经历一些不寻常之事。接下来的故事无须赘述：股市崩盘，金价的涨幅达到了近 100%。这个简短的例子对 VIX 为何能成为黄金交易者密切关注的一个指标做了最具说服力的解释。恐惧和信心在黄金价格中扮演了至关重要的角色。如果投资者惶恐不定，他们就会寻求避风的港湾，而除了美元，黄金便是最重要的避险投资标的。在我们看来，在未来几年里，美元将不再是应对市场恐慌首选的短期避险投资标的，黄金有机会永久地接过前者的"旗帜"，这意味着当恐惧上升至意想不到的水平之时，交易者会更加偏爱投资黄金。

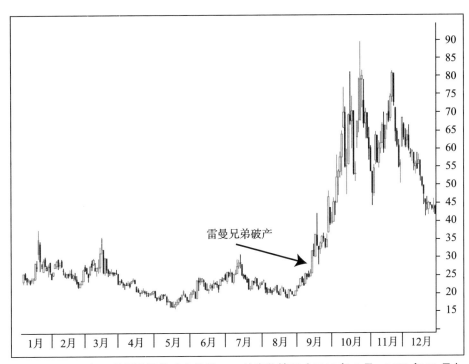

雷曼兄弟破产

图 6-8　2008 年 9 月雷曼兄弟破产前后 VIX 的变化情况（2008 年 1 月—2008 年 12 月）

数据来源：MetaStock。

　　VIX 和黄金价格之间的关系并非只能在全面市场恐慌时才被看出来。如图 6-9 所示，VIX 表明投资者的恐慌情绪在 2010 年 5 月开始加剧。虽然这并不是一场真正的恐慌，但确实导致了股票价格的大幅下挫。黄金价格先是紧跟 VIX（以及投资者的恐惧情绪）一路上涨，而后在当年夏天"抛下"了 VIX 走出了一段独立的小行情，并最终又在 2010 年 8 月初 VIX 大幅上涨后升至新高。只要你能意识到驱动金价和 VIX 的根本因素——恐惧，那么两者间的相互关系也就显而易见了。当恐惧情绪加速上升但尚在可控范围内时，黄金价格将变得非常敏感并可能上涨；当恐惧飙升至恐慌状态时，我们认为黄金价格在最开始时会有小幅波动，但从长期来看，它依然将有亮眼的表现。

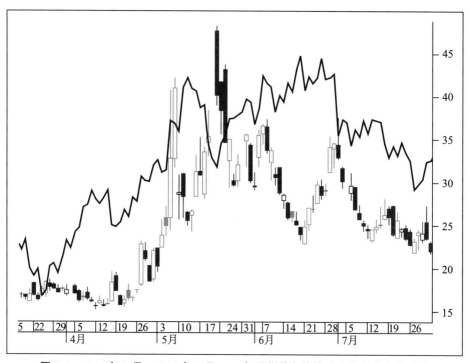

图6-9   2010年3月—2010年7月VIX与现货黄金价格（实线部分）关系图

数据来源：MetaStock。

　　如果投资者的恐惧情绪使黄金价格飙升，那么当市场信心得以恢复（即使只是暂时的）、VIX下降时，你认为会发生什么？如果其他所有因素保持不变，恐惧的缓释对黄金价格应该是一个利空。当前的大环境使自信的市场看跌零收益的美元，这往往对黄金价格有利。如果市场条件在未来有所改变（如利率上升、经济稳定增长、通货膨胀维持在较低水平等），我们当然有理由相信黄金价格会随着VIX的降低而下降，只可惜在我们看来，发生这种变化的可能性微乎其微。这也正是到目前为止，我们仍然建议仅使用VIX来确定新的或增加多头黄金头寸的时间。

斐波那契分析概述

说到底，技术分析是通过对过往价格走势的观察来预估未来价格的变化。除了趋势之外，过往价格变动最重要的一种模式是周期：即一系列扰动，然后是主流趋势的回归与延续。例如，自 2001 年中期起，黄金价格就开启了上涨，但这种上涨并非以势如破竹、连创新高的方式实现，期间上行的趋势也曾中断了多次，而其中某些中断呈现出了明显的规律性，甚至是可以预测的。斐波纳契分析是技术分析人员根据过往价格周期来预判未来价格变化的方法。

斐波纳契分析可用于识别支撑和阻力位，推算目标价格，设定止损点，以及确定入场时机。不过，其最有价值的地方是能够告诉你关于风险的信息。在这一部分中，我们会介绍一些在将这种方法运用于价格图表之前，你需要了解的关于它的概念和技巧。在你阅读接下来的内容时，你不妨花些时间在自己的制图软件上先预演练一下。这些实践经验将是确保你能充分理解应如何有效使用这些工具的最好方法之一。

作为一种数学现象，斐波那契分析已经存在了数千年。时至今日，它依旧被广泛地用于研究和模拟生物增长率、建筑设计、金融市场，乃至计算机搜索算法。该分析以 13 世纪意大利数学家莱昂纳多·斐波那契（Leonardo Fibonacci）发现和推广的斐波那契数列[①]为基础。应用于基于斐波那契数列的价格图表的技术工具包括回调线、扇形线和扩展线。

---

① 斐波那契数列又被称为黄金分割数列，指的是这样一个数列，即 0、1、1、2、3、5、8、13、21、34……，这个数列从第三项开始，每一项都等于前两项之和。——译者注

相关问题

基本面分析和技术分析都存在具有非常大主观性的问题，这意味着它们在很大程度上都包括了理解演绎和个人偏好。交易新手最喜欢学习一些容易记忆、又无须任何定性判断就能适用于市场的规则。这无可厚非，只可惜不确定性是市场的固有特征，而分析师们也会就使用特定基本面分析或制图工具的最优或最恰当方式展开卓有建树的争论。在本部分中，我们会深入剖析那些在斐波那契分析中被讨论最多的问题，以及为应对某些不确定性，你可以采取的方法。

如何确定市场趋势

分析趋势时，你怎么才能确信自己识别了真正的顶部或底部，而不只是一次短暂的逆趋势折返呢？从某种程度上讲，这个问题根本就没有答案，但是在本部分中，通过对个例的研判，你会学到一些应该会有所帮助的基本指导方针。请记住，真正的核心在于时刻保持行为和交易的灵活性，并且当市场条件已然明显发生改变的时候，你要主动地适时调整自己的分析。

实体抑或影线

此处，技术分析者中有一个小小的争议，即在进行斐波那契分析和确立趋势线时究竟应该使用价格K线的实体（K线主体部分）还是影线（K线实体上下方的细垂直线）呢？我们认为应当选择后者，因为其代表了K线周期范围内市场情绪的极值。

支撑和阻力位：点、线还是域

支撑和阻力位不是价格图表中具体的一个点，而是一个围绕斐波那契黄金分割线的宽幅区域。你会发现，在大多数情况下，价格都会围绕支撑线或阻力线变化。如果只是由于暂时性的突破或破位而忽视了这个层面，那么你也许就忽略了一个有效的信号。

制图工具

除了最常用的技术指标，还有其他斐波那契工具可供选择，而且参数也可以以多种方式进行调整。我们将会采用最常见的斐波那契工具，包括回调线、扩展线、扇形线和时间研究。

斐波那契比率是什么

有一类分析是基于斐波那契比率（Fibonacci ratio）来完成的，即23.6%、38.2%、61.8% 和 161.8%，它们代表了斐波那契数列中前后特定顺序数字间的比例关系。斐波那契数列从 0 和 1 开始，而后依次将数列中的前两个数字相加得到下一个数字。例如，如果将 0、1 分别设定为第一和第二个数字，那么用这两项相加，我们就得到了第三个数字"1"，而后我们就有了"2"和"3"，并继续以此类推。如果我们将这一算法持续迭代 15 次，最后我们就获得了一组像这样的数列：0、1、1、2、3、5、8、13、21、34、55、89、144、233、377。

斐波那契比率是上述数列中两相邻数字之差除以其中任一数字的商。下面我们用从数列中随机抽取出的三个连续数字（21、34、55）来举个例子，并分析一下其中的差异。下例中的比率也正是我们在本部分后续的图表研究中将要使用的比率。

（34–21）/34=38.2%

（34–21）/55=23.6%

（34–21）/21=61.8%

有部分非常重要的斐波那契比率可以被用以确定突破出现后、现有趋势内的目标价格。目标比率是斐波那契数列中两个邻近数字的商。例如，同样使用上面的 3 个数字（21、34、55），你可以计算得到如下的目标比率：

34/21=161.8%

55/21=261.8%

61.8% 这一比率对交易者尤其重要，通常被称为 phi 或黄金比例。几千年来，人们用这个比例来确定建筑和艺术的理想比例。基于其设计的物体（包括人的脸型和身材）在视觉上都非常完美且令人愉悦。艺术家、设计师、摄影师，甚至古希腊人正是使用黄金比例创造出了众多史诗级的人类文明杰作。例如，希腊雅典卫城的帕台农神庙的宽度、高度和深度就遵循了黄金比例；人体从头顶到肚脐的平均距离与从肚脐到脚底的平均距离之比也符合黄金比例；一个人的面部特征和五官比例越接近黄金比例，她看上去就越漂亮。没有人知道为什么，也没有人能说清楚为什么这一比例会如此频繁地出现在自然界、设计、建筑工程和金融市场中，但是它非常有用，能帮助你制定更好的盈利目标，进行更准确的交易评估。

斐波那契回调线

与主要趋势相符的斐波那契回调线可以带给我们很多有价值的信息。换句话说，如果长期趋势已经上行，利用斐波那契回调线能让你更准确地确定建立新的多头头寸的时机。斐波那契回调线分析有助于在牛市和熊市中更好地寻找支撑位和阻力位。相应地，它也很容易让人过于激进地使用斐波那契回调线等技术分析工具在市场处于高位时做空或在市场处于底部时买入，但这种交易方式具有非常高的风险性，而且有时让你很难全身而退。

就像所有的技术分析一样，斐波那契回调线也是独立于时间框架的。因此，无论是日间、周间，还是五分钟的 K 线图，技术分析工具都应该是有效的。虽然从理论上讲确实如此，但是在实践中，短线交易成本会蚕食掉你收获于技术分析的绝大部分优势。在这本书中，我们使用的是基于日线价格图表的斐波那契回调线。你也可以看看它在你的交易时间框架内是如何为你工作的。

图 6-10 为我们展示了从 2010 年 6 月 28 日至 10 月 14 日斐波那契回调线在黄金价格一波凌厉上涨攻势的过程中的实际运用。图 6-10 中水平标注了贯穿于趋势当中的四条不同百分比的主要斐波那契回调线，其中每一条线都代表了一个可能的支撑位和潜在的新的多头头寸的建仓点。为了强调，我们用黑色粗体线勾勒的直角三角形说明了相关斐波那契回调线落入趋势内的垂直位置。对应于价格的变化，直角三角形的纵向垂边沿其顶部到底部被分为了 23.6%、38.2%、50% 和 61.8%。回调线反映了趋势运行中市场波动上行与回撤的幅度（实际美元价值）。

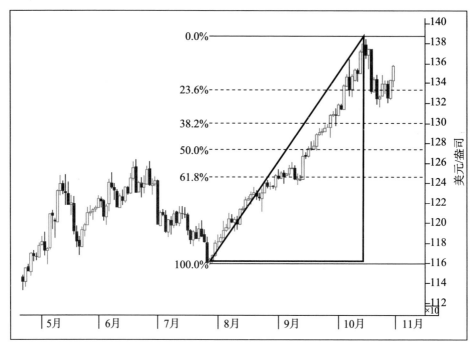

图 6-10　2010 年 5 月—2010 年 10 月现货黄金价格的斐波那契回调线

数据来源：MetaStock。

因为黄金正处于强势的上涨状态，斐波那契回调线能帮助交易者识别可以建立新头寸的支撑位。当然，由于每一条回调线都是一个可能的买入点，因而最好的买入点应该出现在价格已经止跌且重回上升形态之时。就这个例子而言，黄金价格在 2010 年 10 月 19 日获得了 23.6% 回调线的支撑，这为短线做多者创造了一个很好的再次进场的机会。随着市场不断创出新高，你应当持续调整斐波那契回调线的信号标记点。图 6-11 将 10 月反弹后的时间节点又向后推移了一些，黄金价格先是在 11 月又有了新高，并随后再次回撤到了 38.2% 斐波那契回调线的水平。

图 6-11　2010 年 5 月—2010 年 12 月现货黄金价格的斐波那契回调线

数据来源：MetaStock。

你应该已经注意到，斐波那契回调线往往会随着时间的变化一个接一个地出现，黄金市场上之所以会出现类似的情况，是因为趋势扰动的周期有着相当的规律性。当我们回看历史价格数据时可以很容易地发现这种规律性，但是在你身处炙热的市场，面对价格的上蹿下跳，又无法确定支撑位是否真的有效的时候，你依然需要拿出足够的勇气来做出最后的决策。我们强烈建议你首先通过模拟交易锻炼和检验一下自己的分析能力，在找感觉的同时也体会一下黄金市场的周期性脉动，从而避免过分纠结于拿真金白银去冒险。

斐波那契扇形线

斐波那契扇形线与斐波那契回调线非常相似，通常在长期趋势中被用于识别斜线标注的支撑或阻力位。扇形线基于回调线分析中所使用的相同的直角三角形，唯一的区别是它并不是从直角三角形的纵向垂边水平画出来的，而是以一定的斜度通过将三角形的顶点和对应的纵向垂边上的回调线连接形成的。图 6-12 为我们展示了扇形线被标记于我们在前一个例子中所使用的趋势中的具体形态。你会发现，2010 年 11 月发生在支撑位上的反弹实际上得到了两种分析的双重验证。

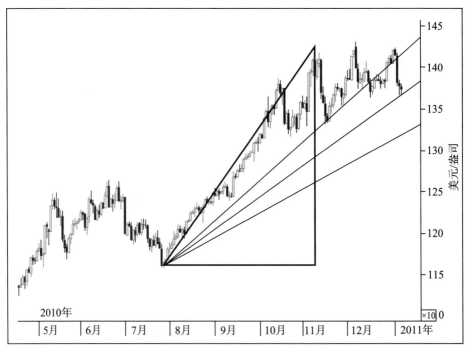

图 6-12　2010 年 5 月—2010 年 12 月现货黄金价格的斐波那契扇形线

数据来源：MetaStock。

　　相较于回调线，很多技术分析者对扇形线更加情有独钟，这是因为其往往注重趋势本身，而不仅仅是水平地将其加以分割。这意味着即便当市场在现有趋势中达到新高，只要价格仍处于扇形线的范围内，扇形线分析就不需要切换逻辑起点。对此，我们的建议是完全可以结合使用扇形线和回调线。在本章快结束时，你会认识到这一方法的妙处以及为什么这能有助于确认潜在的支撑位。

虽然扇形线有许多的优点，但也有几个缺陷。当趋势走势过于急进或市场在相对长的时间周期内持续表现为震荡整理状态时，其作用将显著减弱，因为此时市场的剧烈波动会使价格路径偏离出扇形线的范围。在图 6–13 中，你可以看到当扇形线被应用于黄金价格从 2009 年 10 月 29 日至 12 月 3 日的快速上涨时发生了什么。此时，趋势变得异常陡峭，价格攀升的速度很快，以至于扇形线径直指向图表的空白区域。

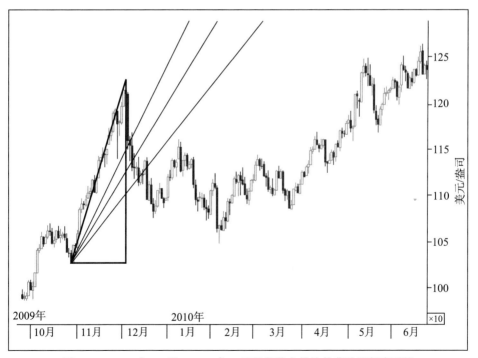

图 6–13　2009 年 10 月—2010 年 6 月现货黄金价格的斐波那契扇形线

数据来源：MetaStock。

结合使用扇形线和回调线会让分析变得事半功倍。事实上，它们经常在非常重要的支撑或阻力位上互为"依托"或形成交叉。图 6-14 使用了我们在讨论斐波那契回调线时所用的时间周期，只不过在这里，我们也画出了从 2010 年 7 月 28 日至 10 月 14 日间上涨行情对应的扇形线。很明显，10 月的反弹恰恰发生在两种指标在支撑位交叉之后。这种印证会周期性地出现，对于确认当前上行趋势中主体上涨阶段的时点非常有效；反之亦然，在长期下行趋势中，我们也可以结合使用扇形线与回调线，从而很好地识别阻力位。

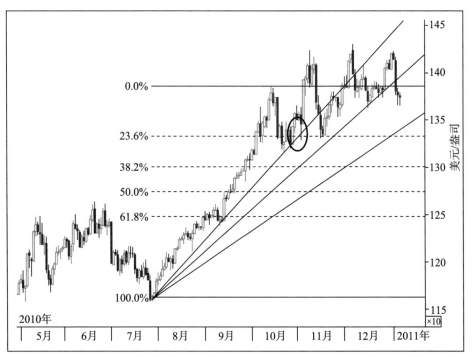

图 6-14　2010 年 5 月—2010 年 12 月现货黄金价格的斐波那契扇形线与回调线

数据来源：MetaStock。

黄金市场往往会令不少交易者产生挫败感。在看似赶顶的市场中做空或在呈现筑底态势的市场中做多是人之常情。尽管如此，市场上有很多这样的机会，关键还是看你能否识别出真正的顶部和底部。斐波那契回调线和扇形线的美妙之处正是在于它们能够相对简单地缓释这个棘手的问题：它们被设计和创造的初衷就是为了在长期趋势中，市场稍显理性的片刻之际找到新的机会，从而助你一臂之力。比起在市场新高时买入或在市场新低时卖出，在上行趋势的回撤支撑位买入或做多，或者在下行趋势的反弹阻力位卖出或做空则要好得多。

寻找目标价格

斐波那契回调线对预估支撑或阻力位在短期内折返调整的持续时间有着特别的意义。预估目标价格能够帮助你权衡在黄金交易中潜在的回报是否值得你去冒险。斐波那契扩展线是通过将斐波那契回调线分析运用于短期逆趋势变动或中断，而不是当前趋势来创建的。在具体应用时，直角三角形内的水平值不再是你要关注的重点了；相反，此时你要使用直角三角形外的扩展线。

扩展线基于用于绘制回调线或扇形线的直角三角形的水平垂边绘制，在上行趋势中，它将位于直角三角形的直角顶点之上，在下行趋势中，它将位于直角顶点的下方。最常见的扩展线是 161.8% 和 261.8%，它们代表了更低和更高的目标价格预估值。在图 6–15 中，你可以看到从 2010 年 6 月 28 日逆向趋势开始到 7 月 28 日反弹开始的扩展线，这也正是我们在前两部分中用来研究回调线和扇形线的那个点。

图 6-15   2010 年 4 月—2010 年 12 月现货黄金价格的斐波那契扩展线

数据来源：MetaStock。

在使用斐波那契扩展线时，你关心和在意的并非逆向趋势，而是市场终将去向何处以及何时会触及支撑位开启反转。如图 6-15 所示，位于 1330 美元的 161.8% 斐波那契回调线被迅速突破并随即成了支撑位（这是一种非常常见的情况）。在那之后，黄金价格开始在上下 4 美元的幅度内做震荡整理，并最终来到了 1434 美元的第二条扩展线，这也就此成了未来的阻力位。你应该也注意到，这两条常用的扩展线正是 phi 或黄金比例的不同版本。

扩展线能告诉我们在市场盘整或另一趋势中断前，价格应该在触及支撑位并反弹后可能会如何变化。在这一位置上，短线交易者会卖出多头仓位，长期交易者则会进行适度微调（比如利用备兑看涨期权或保护性看跌期权），以在一定程度上降低风险和保护收益。即使价格最后达到了预期水平，扩展线的作用也不会就此消失，因为市场很可能会重新回落至这个价位，并将其作为新的支撑位。图 6–15 中，价格先是在 2010 年 10 月 5 日突破了 161.8% 的扩展线，而后又在 10 月下旬和 11 月两次回踩确认了这一支撑位。每一次支撑都是一个绝佳的新的买入点。

虽然我们在书中使用了不少具体的实例来尽量使我们试图阐述的观点更为清晰，但在真实的市场环境中，从来就没有什么分析方法可以毕其功于一役。正因如此，当你把这些分析和工具运用于交易时，请你多考虑一下如果交易的过程或结果与你最开始的预想不相吻合时，你该如何应对。如果你能一直保持灵活性，进行多元化投资，并适时控制自己的仓位，那么无论市场怎样风起云涌，保有一颗平常心的你都要从容得多。别忘了，但凡当黄金价格撩动心弦、略微偏离于特定的支撑或阻力位时就迫不及待地买入或卖出黄金 ETF 或黄金期货合约的做法，都将不可避免地推高你账户的交易成本，同时也会让你的经纪商乐此不疲。

制图软件

以前只有专业级的制图软件才会配置斐波那契工具，但随着中小交易者变得愈发独立，更多制图软件也安装了这类工具。如果和你打交道的经纪商专门服务于主动型交易者，那么你的交易软件的价格图表中已经有了斐波那契工具。如果你没有这类工具，那么我们建议你可以试着安装以下介绍的一些免费或非常划算的制图软件。

MetaStock

来自路透社（Reuters）的 MetaStock 是一款超赞的制图软件，每月只需很低的使用费，你就可以拥有它。该软件不能主动设定功能参数，也不提供定制化设计，在 www.equis.com 网站上，你有 30 天的免费试用机会。MetaStock 是我们多年来一直在使用的专业制图软件，也是本书中许多价格图表素材的数据来源。

thinkorswim

thinkorswim 的开发者原本是一家股票和期权经纪商，但是几年前被另一家制图软件公司所收购。如果你只是一个投资小白，并想获得一个可靠、稳定的工具支持，那么这款软件应该算是迄今为止最简单的了。虽然软件包是免费的，但是它需要你提供一个经纪账户。你可以免费注册一个模拟交易账户，并通过这个账户在特定时限内使用该软件。thinkorswim 还提供一流的期权分析工具。当然，如果你想要在没有经纪账户的前提下使用它，那么你就必须按月支付相当可观的费用。更详细的内容你可以访问 www.thinkorswim.com 网站一探究竟。

FreeStockCharts.com

顾名思义，FreeStockCharts.com 上的图表都是免费的，却绝对够强大。它由在制图软件行业打拼了数十载的沃登兄弟（Worden Brothers）创建，目前只能通过在线的方式获取。它的唯一缺陷是只覆盖了股票交易。如果你想交易黄金 ETF 或黄金股，这自然不是什么问题，但如果你的目标是期货，那你就不得不另辟蹊径了。

第 7 章

长期投资

如果要将黄金作为长期多元化投资组合的一个组成部分，投资者就必须回答两个关键的问题：（1）你打算持有哪种黄金投资产品？相关的内容我们已经在本书"优质黄金投资标的"一章中进行了深入探讨；（2）你的投资组合应该留出多大的比例用于配置黄金？黄金、债券和股票的持仓比例应分别占到 20%、30% 和 50% 吗？还是应当反过来呢？对于第二个问题，其实没有统一的答案，因为你的选择在很大程度上取决于你的风险承受能力、个人偏好以及对未来的预期。尽管如此，无论你最终怎样决定，黄金投资都应当在你的投资组合中占有一席之地。

不过，黄金投资者也应当意识到，过度重仓会对多元化投资组合的收益产生挤出效应。因为黄金是不以价值增值为初衷的无息资产，其主要作用在于降低整体投资组合账户的波动性。而从长期看，降低波动性才是一件非常重要的事情，因为它使在你计划的时间框架内实现投资目标和永远无法实现你的目标之间产生了差异。

表 7-1 对六位不同投资者的收益情况做了对比。五位投资者采用了集中重仓于某一类资产的策略；另一位则有着相对均匀且多样化的投资组合，并

会每年对资产配置进行平衡调整。表中所显示的结果是根据美国先锋基金（Vanguard）的数据和过去 16 年间的黄金现货价格计算得出的。

表 7–1	不同投资类型的收益率比较
投资类型	1995—2010 年间的总收益率
大盘股	+327%
金条	+341%
投资级债券	+344%
房地产	+550%
新兴市场	+361%
均匀配置于以上五大类资产	+464%

简单来看，首先，表 7–1 中的每一种策略都有着相当亮眼的表现：房地产投资的收益率最高，但不是所有人都能预见到持续至 2007 年的房地产市场的大牛市；其次，许多交易者可能会惊讶于传说中的两类最具对冲通货膨胀作用的资产（黄金和股票）几乎并列最后一名。排名第二的是多元化投资，这和我们的预期是一致的。虽然表面上绝大多数投资者对回报相对满意，但那是因为我们在事后诸葛亮罢了。正如图 7–1 所示，16 年来，市场经历了相当剧烈的波动，我们假定以 10 000 美元作为初始投资，绘制了各大类资产及策略在这 16 年间的收益表现，以此更直观地感受投资者在整体账户波动性基础上实际的最优决策。

房地产投资的收益在这个例子中看似名列前茅，但是当你把目光转向图 7–1，你的交易准则会允许你一直扛住 2007 年及 2008 年 25% 的回撤吗？同样，头五年中投资大盘股的收益率水平基本保持平稳，但你又如何能提前知晓并恰巧避开 2001 年互联网泡沫破裂危机引发的市场大幅下挫和 2008 年金融危机期间的流动性枯竭呢？现在看来，黄金貌似是一项极具吸引力的投资标的，但是在最开始的六年里，它却完全没有显山露水。你真的能坚定地咬定青山不放松吗？虽然这些问题和回答都很主观，但也十分重要。多元化投资组合可以使你的权益曲线平滑且保持上升，这也是长期投资者的核心目标。

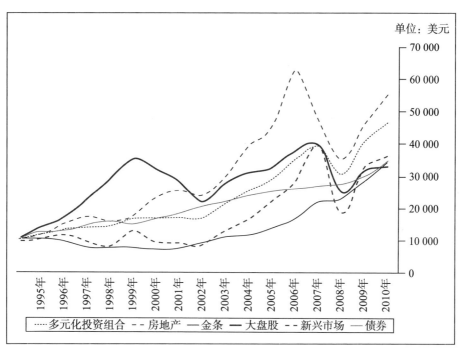

图 7–1　1995 年 1 月—2010 年 12 月单一大类资产与多元化投资组合的回报率对比关系图

数据来源：先锋基金、美联储。

进行多元化投资就像承认你无法确知哪一类资产在未来将有超预期的表现，又有哪些资产存在着致命的潜在风险。承认自己对未来的一无所知是构建投资组合的第一步。那些鼓吹将资产 100% 配置于黄金（确实多了点）的投资类书籍和网络写手在今天看起来似乎明智至极，但那只不过是因为他们是幸存者偏差（survivorship bias）[1]的受益人，而更多笃定某一类特定资产的专家和市场人士起码目前被证明是错误的。

例如，市场上有这么一本非常有趣的书，内容是关于为什么你应当买入黄金以保护性地应对美元可能的崩溃。这本书一直卖得很火，而且事实证明，随着这本书的出版发行，黄金在不断走强（而且涨幅很大），而美元则在持续贬值。这简直是令人叹为观止的市场时机——不是吗？

还有一位作家自 1987 年以来一直都在为一档财经专栏潜心创作推崇持有黄金的文章。和当代其他黄金投资专家或大师比起来，在 23 年的时间跨度内持续输出有效的信息，你可以说这只是运气使然。虽然最终的结果表明他是正确的，但这一等就是 20 年。主张单一资产组合的强硬立场的问题在于，它们往往会在长期中有非常大的波动性。我们一向认为投资的要义是要对你预判未来的能力保有一丝敬畏而不是高估它。从长远来看，这将使你的交易更安全。

在开始正式讨论前，我们要先着重强调两点。首先，将黄金作为长期多元化投资组合的组成部分的意义在于，它能够降低账户的波动性。我们无法期望黄金像股票那样价值升值，或像债券那样产生时效明确的收入现金流。对长期投资者而言，其真正的价值是为投资组合抵御严峻且不可预知的风险

---

[1] 幸存者偏差另译为生存者偏差，是一种常见的逻辑谬误，属于选择偏差的一种，且带有明显的时间周期性，是指只能看到经过某种筛选而产生的结果（幸存下来的某些经验），没有意识到筛选的过程，因此忽略了被筛选掉（因为无法观察到）的关键信息，从而可能导致各种错误结论。幸存者偏差可能导致过度乐观的信念，或使受众误认为一个群体的成功具有一些特殊属性而不仅仅是巧合。用俗语简单表达就是"死人不会说话"。——译者注

提供保障。2001 年和 2008—2010 年的金融市场崩盘就是投资者应当将黄金纳入其投资组合最好的例证。

其次，黄金投资世界里充斥着炒作和各种利益冲突。虽然黄金投资专家或分析师非常了解黄金行业和经济，但要说到预测未来，他们可能就默不作声了。那些在 2010 年看似不可一世的黄金投资者在 20 年前、甚至更早的时候可能对投资策略一窍不通。正因如此，对于是否应持有黄金以及要持有多少黄金，你需要且必须做出自己独立的判断。

备兑看涨期权

长期投资的成败无外乎多元化投资选择和维持较低的交易成本这两件事。这通常意味着你需要以尽可能少的成本买入尽量多的大类资产项下的投资标的。这个过程不应过于复杂或被过度优化，因为越简单的策略往往越容易获得持久的遵守和执行。进一步讲，多元化投资可不只是要求你应当将黄金资产和股票及债券混搭在一起，而是一种战略性多元化投资策略，从长期看，它可以在你不持续增加精力投入和成本的前提下，提升你的投资效益。

战略性多元化投资策略是一个宽泛的议题，对于长期投资者，我们时常提及的具体建议之一是先从调整现有的仓位配置入手。例如，在黄金市场中，从资金量较小的散户投资者到大型的机构投资者都可以使用备兑看涨期权，从长期看，它可以在不显著增加风险的前提下降低账户波动性，提高盈利水平。备兑看涨期权是通过卖出一份短期的看涨期权以"对冲"你所持有的黄金资产头寸（通常是 ETF 或者黄金股），并在之后每当上一个看涨期权到期后不断重置的过程。

卖出备兑看涨期权

在下面的例子中，我们假设你的投资组合中持有黄金 ETF 份额，原因是这部分头寸费用非常低，能密切跟踪黄金价格，且其对应的期权又具有极高的流动性。针对你已有的 ETF 头寸，卖出一份看涨期权就意味着你在该期权到期日前，将以某一行权价格买入 100 份 ETF 份额的权利让渡给他人（单一一份看涨期权合约涵盖了 100 份对应标的资产份额）。如果期权到期时处于"虚值"状态（out of the money），你就将真实获得期权费，期权到期后也就失去了内在价值。如果期权到期时处于"实值"状态（in the money），那么标的资产就会被"认购"，你依然会有期权费，但期权的权利方会按照行权价格，像平时卖出股票那样付给你"卖出"对应标的资产份额的费用。

例如，2010 年 12 月 20 日，GLD 每份额价格为 135.11 美元，与此同时一份 2011 年 1 月到期的行权价格为 136 美元的看涨期权的售价是每份额 2.05 美元，即每份合约 205 美元。卖出备兑看涨期权的交易者会预先收到这笔期权费。无论发生什么变化，只要他在 1 月前的期权有效期内还持有该部分份额的头寸，那么期权费都将归其所有。备兑看涨期权的期权费在市场行情不好的月份中可以作为收入，帮助冲抵损失或在资产价格上升时带来额外收益。在这个例子中，在 2011 年 1 月期权到期时，可能会出现两种结果。

可能性一：GLD 价格上涨，期权被执行。假设到 1 月期权到期时，GLD 上涨至每份额 139 美元，这导致 GLD 份额将以 136 美元的价格被售出，期权卖方将获得每份额 2.94 美元的净收益（2.05 美元的期权费加上 0.89 美元的出售对应份额的收益）。虽然看上去不错，但实际上这样做的收益低于一直持有 GLD 份额且不卖出那份看涨期权的收益。

可能性二：GLD 价格下跌，期权到期作废。 假设到 1 月期权到期时，GLD 下跌至每份额 132 美元。期权买方将不会执行合约，你可以保有期权费和 GLD 份额。这时，你面临着每一份额 1.06 美元的净亏损（2.05 美元的期权费减去对应份额上 3.11 美元的损失），但即便如此，实际损失也比没有期权费补偿时的损失小得多。

这只是一个简单的例子，没有涉及市场择时、期权分析，以及制图分析等方面的问题，目的仅是精确阐述长期交易者应该如何实施这一策略。其中关键的一点是要做到持续性和一致性，千万不要在牛气冲天的月份瞧不上那丁点儿大小的利润，因为更重要的是，行情不好的月份中的较小损失可以使你积蓄力量，占得先机。挽回损失总是比赚取更高收益难得多，因为那时你实际可用于操作的资金变少了。正因如此，保证本金安全是你作为长期投资者的第一要务，而卖出备兑看涨期权能够实现战略性多元化投资，从而可以强化你保护本金的能力。

我们没有可供追溯的长期数据来印证卖出备兑看涨期权对长期仓位价值方面的历史表现。然而，就股票指数现有的类似研究和期权定价理论表明，同样的逻辑应该也兼容于黄金 ETF。黄金投资者在上一份看涨期权到期后，随即使用该策略卖出一份当月的虚值看涨期权有可能出现以下三种情况。

第一种情况是，在市场上涨势头强劲的时期内，你的策略表现会低于金价的涨幅，因为尽管你获得了期权费，但在这期间，你理论上的盈利头寸实际被打了折扣。

第二种情况是，在熊市环境里，你的策略表现会优于金价的变动，因为你在这期间的损失会由于你获取的期权费而部分地得到冲抵。

第三种情况是，从长期看（穿越牛熊趋势之争），保有持续且一致性的备兑看涨期权的卖方的策略表现将会优于其他仅持有黄金多头头寸的交易者，因为备兑看涨期权的卖方在熊市中损失更小，同时又能在震荡行情中稳定获利。

实践中面临的现实问题

虽然使用备兑看涨期权并不是什么复杂的策略，但是在将其具体落实于你的投资组合之前，依然有一些问题值得关注。和做其他事情一样，细节决定成败，你可能不得不对你的账户结构做出某些改变，以更有效地使用这一策略。

不是所有的经纪商和退休金计划管理人都允许你出售备兑看涨期权。随着客户争夺战愈演愈烈，这将越来越不是问题。但是如果你现在没有使用这一策略，那么你可能首先需要和你的经纪商沟通一下，以明确你的交易权限。不必忧心于你需要做出的调整，有很多优质的经纪商会非常乐意协助你基于你的投资组合出售备兑看涨期权。

每当你卖出备兑看涨期权或应对必需的期权执行时，你将要支付一定的佣金。不是所有的经纪商都收取同样的费用，先期做点调研能够帮助你确保自己没有花太多的冤枉钱。因为资金量较小的投资者经常发现，佣金最终会侵蚀掉他们每月大部分的期权费收入，因此在你落实和执行备兑看涨期权等主动型策略之前，你还应当仔细考量与你账户规模相关的成本问题。

你应该在期权到期前将其回购，还是应该任其到期而后再买回相应的标的资产呢？ 如果期权在到期时处于实值状态，那么它很可能将面临执行，标的资产将被从你的账户中卖出。一些交易者会先坦然面对，并在事后再将标的资产买回；而另一些交易者则更倾向于在期权到期前对相应的敞口平仓，了结交易，以避免发生实际的执行操作。两者都是可行的选择，但是如果你决定在期权到期前对其进行回购，你可能会惊讶地发现该期权偶尔会过早地被执行。这种情况虽鲜有发生，但还是有可能发生的，尤其是当看涨期权变为深度实值期权的时候。

有些交易者有意跳过每月持有标的资产并卖出备兑看涨期权的麻烦，只卖出无担保看跌期权。 当我们向交易新手提及这一策略时，他们会显得有些焦虑，因为在他们看来，卖出无担保看跌期权的风险非常之高。当真是这样吗？事实上，如果看跌期权是现金担保的（换句话说，如果执行看跌期权，在你的账户中有足够的现金能支付执行成本），那么风险与备兑看涨期权相同。最大的区别在于，如果你卖出的是虚值看跌期权，那么当金价下跌时，你会得到稍好一些的风险保护，但当金价上涨时，你的收益也会相应减少。

保护性看跌期权

在前面的章节中，我们已经多次介绍了保护性看跌期权的概念。虽然这个术语一般用来描述任意形式的投资组合保险或资产保值策略，但是它也指一种特定的期权交易，长期投资者可以用其降低黄金价格发生大幅下跌时的风险。金价的波动可能出现紧随极快上涨后剧烈下跌的抛物线形态，这将是保护性看跌期权发挥作用的好时机。20 世纪 80 年代早期黄金价格的下跌就是一个很好的例子，当时黄金价格先是迅速攀升、连创新高，随后又伴随着潜在基本面因素的意外改变开始暴跌。面对如此快速的下跌，许多杠杆交易者只能愿赌服输，而如果有了保护性看跌期权，投资者即使可能遭受较为严重的损失，也不至于血本无归。

如果仅就市场当前的基本面来看，黄金貌似在任何时候都不可能崩盘，但是当你审视类似 2003—2010 年的收益时，你有必要考虑一下这个问题。投资组合保险不是免费的，保护性看跌期权可能非常昂贵，然而到底在一份"保险"上需要花多少钱有很大的灵活性，这取决于你的风险承受能力。你大可少付点期权费用，保留更大的风险敞口。

买入保护性看跌期权

我们还是假设你的投资组合中持有黄金 ETF 份额，因为它们的成本非常低，能够密切跟踪黄金价格，对应的期权又极具流动性。买入保护性看跌期权意味着你要购入足够多的长期看跌期权合约，以匹配你投资组合中的资产持仓份额。如果金价下跌，那么保护性看跌期权将升值，并抵消一部分、甚至绝大部分的标的资产价值损失，具体的效果取决于市场的下跌幅度。

例如，2010 年 12 月 20 日，GLD 每一份额的价格为 135.11 美元，而 2012 年 1 月到期的行权价格为 130 美元的看跌期权对应每一份额的价格为

8.10 美元，即每份合约 810 美元。交易者之所以买入看跌期权，并不是因为市场真的处于熊市状态，而是意在寻求保护以应对突发性的和剧烈的反向价格变动。如果你一直持有这份看跌期权直至到期，且其还处于虚值状态，那么你将损失这部分投入。这有点像你买了一份保单，而你可能永远也不会使用它。依据黄金价格之后 13 个月的走势，最终可能出现以下三种基本情况。

　　可能性 1：GLD 价格上涨，看跌期权到期作废。假设金价延续了之前 12 个月的强势，又上涨了 25%，GLD 的价格在 2012 年 1 月达到了 168.88 美元。对长期投资者来说，这应该算是一个令人相当满意的结果，但是你的实际回报要比你没有买入保护性头寸的回报低一些，因为你为标的资产每份额还额外支付了 8.10 美元的 "保险"，用以抵消金价潜在的大幅度反向波动。你最终只获得了 20% 的收益，但是你也因此降低了风险。

　　可能性 2：GLD 价格下跌，期权升值。假设金价没有上涨，GLD 到 2012 年 1 月下跌了 25% 至每份额 101.33 美元。你的看跌期权现在的价值将是标的资产价格和期权行权价格两者之差（对应每一份额 28.67 美元），这将增加你持仓头寸的总价值。事实上，没有获得看跌期权保护的长期投资者亏了 25%，但你的亏损仅有 9%，因为期权的升值部分补偿了你一半多的损失。这么看起来效果还不错：当市场剧烈波动、价格迅速回落时，保护性看跌期权发挥了作用。

　　可能性 3：GLD 价格维持震荡，期权贬值。倘若 GLD 长时间维持震荡，正好在 2012 年 1 月定格在了每份额 135.11 美元。没有买入看跌期权的黄金交易者毫发无损，但是由于你会搭上期权费，换算下来就是一年 6% 的亏损。虽然这足以让你捶胸顿足，但考虑到你的总体风险承受能力，这一损失依然处于尚可接受的范围内。

保护性看跌期权虽略显昂贵，但它是有效的保值工具。鉴于其成本问题，相较于备兑看涨期权或无担保看跌期权，投资者对于该在何时使用它更有选择性。例如，在金价波动趋缓或在金价上涨的经济不确定时期，很少有交易者会对保护性看跌期权感兴趣。

实践中面临的现实问题

保护性看跌期权也不是多么难的策略，但你在执行它之前，还是需要关注以下几点。

持有黄金 ETF 份额并同时卖出保护性看跌期权和持有看涨期权是一回事。这听起来有点奇怪，但是如果你有兴趣做一做数学题验算一下，你就会发现，保护性看跌期权和买入一份涵盖相同数量标的资产份额的长期看涨期权其实是一回事。然而，由于长期的黄金看涨期权比黄金看跌期权有更高的成本，因此如果市场上行，你将赚得少些，如果市场维持震荡，你会损失更多，而如果市场下行，你的损失则会略少一些。也就是说，这种策略几乎谈不上是好的权衡。

你不需要一直持有看跌期权直至到期。绝大多数长期投资者都不大喜欢做太多的择时判断，但是当你最在意的风险因素开始消退时，卖出看跌期权是个不错的主意。同样，如果你认为你有必要在年中重新调整自己的投资组合，卖出部分黄金头寸，那么你可以减少相同数量的看跌期权合约。

与此相关的是，如果你觉得你不需要在一整年的时间中都持有这类保护性头寸，那么购买一份有更短期限的保护性看跌期权能进一步降低你的成本。例如，假设你比较担心美联储几周以后将要发布的下一次公告可能对市场产生利空影响，你可以在美联储会议之前买入一份短期的保护性看跌期权，以确保自己只需投入一点便能够应对这一重大干扰，因为你仅需要短期保护。

通过个人退休金账户进行黄金投资

和标准经纪账户一样，IRA 也可以持有黄金资产。在同等条件下，IRA 大体上有两种不同的类型，因你账户中相应资产纳税时间节点的不同而有所区别。第一种 IRA 属于传统的 IRA，账户中的资产被视为税前资产，并要在你后续从账户中取钱时缴纳税款。第二种 IRA，即罗斯 IRA，则正好相反，你账户中的资产被视为税后资产，在支取时不需要承担纳税义务。

上述只是一个粗略的解释，如果你想进一步探究哪种 IRA 更适合你，以及基于不同的纳税要求，你何时和如何将资金取出对自己最有利，那么你应该向有资质的税务顾问咨询。不过，值得关注的一点是，对 IRA 的选择反映出了你对未来税率变化的观点和态度。使用罗斯 IRA 的投资者认定 IRA 将来的税率会越来越高，因而更愿意在现在而不是未来完成纳税；反之，使用传统 IRA 的投资者可能认为未来当你从账户中取钱时要交税。

面对这一差异，我们发现有更多投资者选择使用罗斯 IRA，因为一般来说，政府在未来将加税是黄金投资者的一个共识。不论你想如何安排自己的纳税时点，你都可以通过 IRA 积极主动地交易黄金和其他资产，而且你也不会在你需要做出改变时受制于投资范围。尽管有着较低的最大缴费上限，但这只是身经百战的投资者认为 IRA 优于 401（K）计划的众多原因之一。

虽然在 IRA 中持有实物黄金而非黄金股或黄金 ETF 也是一种可行的选择，但是这也带来了一些棘手的问题。首先，你需要和你的 IRA 托管人确认该账户的投资权限和标的范围，并在经美国国家税务局核准的经销商和相关仓储公司的协助下，不断从你的账户中周转现金以买入黄金。这个过程会相对烦琐。同时，你持有黄金的成本也会很高，毕竟你无法自己储存它们。另外，并不是任何类型的黄金投资标的都可以在 IRA 中持有。例如，有几种类型的金币就不行。

通过 IRA 持有黄金 ETF 或黄金股既简单又划算，而且绝大部分托管人都无暇理会这些资产和你经纪账户中所持有的其他资产的差别。你还可以在经纪账户内做一些期权交易，但是可使用的期权策略可能会受到一定的限制。例如，有的托管人不允许卖出期权或使用价差期权（spread）策略。还需要注意的是，如果你投资的黄金矿业企业位于美国以外的国家和地区，那么你可能会错失一些避税的优势。在黄金市场上，这种情况十分普遍，毕竟在加拿大、澳大利亚和南非有不少行业集中度很高的大型黄金生产企业。

尽管存在一定的弊端，通过 IRA 等避税账户进行黄金投资还是大有裨益的，你应当咨询你的税务顾问和账户托管人，以进一步明确相关政策。遗憾的是，大多数 401（K）计划并不提供类似上述的投资服务，这些计划的管理人也不大可能增加相应的资产项目，毕竟黄金 ETF 不会收取太高的费用。除非你碰巧在一家能为其雇员在 401（K）计划中提供股票或份额购买途径的黄金矿业企业工作，否则你可能只能寄希望于通过 IRA 来参与期权交易了。

第 8 章

主动交易策略

　　黄金市场活跃性强且流动性强，是短线交易者的绝佳阵地。例如，在2010 年，黄金期货以 550 亿美元创下了新的日间成交额纪录，GLD 日均成交额达到了 18 亿美元，伦敦黄金市场每月实物黄金的交易额甚至超过了240 亿美元（这只是对外披露的数据）。更准确地说，整个北美地区的股票和期权交易所每天的黄金资产交易金额加起来平均有 80 亿美元。

　　所有这些数据是黄金市场对短期交易者而言高效、划算和灵活性强最有力的证明。GLD 期权交易的差价通常只有 1 美分，而黄金 ETF 的买卖价差甚至经常连 1 美分都不到，这可以确保你能够准确执行你能想到的几乎任何一种交易策略。虽然本章中对每一种可行的交易策略的介绍不可能面面俱到，但是我们会为你提供一些好的建议，以帮助你在成为一名主动型交易者之前做好充分准备。

　　接下来我们讨论的概念要比第 7 章的内容有更大的风险，因为我们的目的是使用杠杆和市场择时策略，通过黄金投资赚取收益，而不再是运用这些策略来降低账户的波动性。与长期投资相比，杠杆和短线交易大概率会增加成本和风险，但是对黄金市场中具有较高风险承受能力的交易者而言，再没有什么市场可以像黄金市场这样令人心驰神往。

交易黄金白银比率

　　黄金与白银等其他贵金属并不完全相关，这意味着其走势不同。在第9章中，我们还会更详细地介绍白银，在此需要强调的一点是，黄金之所以具有和白银不同的市场表现方式，在很大程度上与白银作为硬商品对市场的需求更敏感有关。尽管如此，这两个市场仍然紧密相关，两者价格间的比率在很长一段时期内会保持相对平稳。100多年前，这一比率是16，也就是说，那时每盎司黄金价格是每盎司白银价格的16倍。不过，随着对贵金属需求的变化，这一比率也早已不同。如图8-1所示，在2006—2010年，黄金和白银价格的比率一直在45～85波动（这只是区间范围的极值）。

图8-1　2006年4月—2010年12月黄金白银价格比率

数据来源：安硕、GLD。

交易者可以使用黄金白银比率（gold-to-silver ratio）确定两种资产的交易时机。这一策略的目的并不是实现盈利，而是增加某个贵金属的总持有量。当黄金价格相对于白银价格过高时，黄金白银比率也会很高，交易者会卖出黄金来买入更多白银。当白银价格相较于黄金价格上升从而该比率下降时，交易者又会回过头来买入黄金。经过这一轮成功的掉期后，最终的结果便是你将比原来拥有更多的黄金。

例如，假设 2008 年 10 月你持有 1000 份 GLD，每份额价值 70 美元。与此同时，安硕白银信托（iShares Silver Trust，SLV）的价格为每份额 8 美元。由于 GLD 的标价代表了 1/10 盎司的黄金，而 SLV 的价格代表了 1 盎司白银，因此你应当用两者的比乘以 10 得到实际的黄金白银比率，在这里就是 1 盎司黄金等值于 87 盎司白银。如果你认为这一比率已经处于极端区域，且很可能在随后的两年里向其均值回调，那么你将卖出 GLD 份额，转而用所获款额买入 8750 份 SLV。

两年后，即 2010 年 10 月，黄金白银比率降到了 56，你基于同样的逻辑开始反向操作。如果在那时 SLV 每份额价值 24 美元，那么在 GLD 来到每份额 132.62 美元时，你将可以买入 1583 份 GLD。由于两个市场都上涨了不少，你将获得一笔不菲的收益，但是你真正的收获则是持有的 GLD 份额增加了近 60%。

短期黄金白银比率交易

该策略也适用于超短线交易。例如，2010 年 1 月，黄金白银比率快速从 63 攀升到了 73，鉴于我们预计过快上行的这一比率大概率会较快地回落至其短期平均值 60 附近，这为主动型交易者互换 GLD 和 SLV 创造了绝佳的机会。如果你在 2010 年 2 月 5 日持有 1000 份 GLD（每份额 104.68 美元），当价格触顶时，你可以以每份额 14.37 美元的价格购入 7285 份 SLV。一系列操作会产生几种可能的结果，与其他任何交易一样，如果两个市场都下跌，这个比率还在上升，这可能会对你极为不利。

可能性 1：黄金和白银价格上涨，黄金白银比率下降。到了 4 月 1 日，黄金白银比率回落至 63，你已经将你手中的 SLV 转换成了 1159 份 GLD。这使得你的 GLD 持有量增加了 15%，并且在同一时期内，GLD 潜在的 5% 的收益也径直转化为 22%。由于在此期间你还有来自 SLV 的收益，因此基于黄金白银比率的交易显著提高了你的整体回报水平。

可能性 2：黄金和白银价格上涨，但黄金白银比率继续攀升。在这种情况下，你仍然会得益于 SLV 价格的上涨，然而它对黄金的购买力其实下降了。这意味着你可能会推迟换回 GLD 的时间，直到该比率回到其近期的平均水平。如果该比率"一去不回"，你最终的收益将少于其他没有做掉期交易的交易者。

可能性 3：黄金和白银价格下跌。如此一来，如果黄金白银比率继续上升，相比你仅一直持有 GLD 不动，你的损失将进一步扩大，但若是黄金白银比率下降了，你的损失在同等条件下则会更少。例如，如果你在 2010 年 12 月 6 日至 2011 年 1 月 7 日做了一笔类似的交易，那么你的总损失将只是 0.8%，而不是在没有掉期交易下因 GLD 下跌导致的 4%。

需要考量的其他因素

择时从来都不是简单的事情。 当使用黄金白银比率的时候，你其实并不需要关心黄金和白银的价格到底在上涨还是下跌，你所做交易决策的成败实际上是基于你择时交易的能力。在使用市场择时策略时，你将不可避免地有一些错误的方向判断，因此不要寄希望于这类掉期交易"一定"能为你带来某种完美的结果。运用这一策略的目标应当是经过一系列交易（或掉期）后，你可以得到比长期仅持有 GLD 份额更好的效果。

这一策略主要适用于长期看多黄金市场的投资者。 这个策略非常适合那些愿意长期持有黄金且无视其短期波动的交易者。从长期来看，我们不能保证你一定能从这一策略受益，但我们认为它将大概率降低你所持有黄金仓位的整体波动。

主动型交易过程会推高交易成本。 这一策略涉及的成本除了滑移价差外，还包括佣金和其他交易相关费用，随着时间的推移，这些都将侵蚀你的收益。你需要尽可能地优化或降低你的费用开支。根据你的经纪商和你交易的频率，有些类似的掉期交易甚至可能是免费的。

很显然，这是一种非常简便易行的策略，也是市场择时概念独一无二的适用注解。请注意，该策略的初衷并不是赚取收益，而是要增加你的贵金属持有量。许多交易者认为由于黄金白银比率有向其短期均值回归的倾向，因此它很容易预判，然而这些偏离可能相当极端。

结合使用黄金股与实物黄金

虽然黄金和黄金股具有高度的相关性,但两者的趋势有时会发生背离,无论你交易的是哪种黄金资产,这种差异都可能成为非常有利的因素。这两种投资标的之间的关系十分类似于大盘股和小盘股:黄金股就像小盘股,其价格在牛市期间比黄金上涨得更快,而在熊市期间或市场调整过程中也下跌得更多。对于通过观察黄金股价格走势来决定或触发买卖交易黄金 ETF 或黄金期货的交易者而言,更大的波动性可能是切实的好处。通过这种方式,黄金股充当了一个非滞后技术指标,用以确认针对黄金价格变动的短期买卖信号。

由于黄金的市场容量更大,因而有着更温和的波动率,所以相比于黄金股,黄金在标识反转和背离方面有着更可靠的长期信号作用。黄金股的投资者应当密切关注黄金市场中出现的主要反转信号,因为一旦黄金价格出现突然的逆向偏移,他们将面临更大的风险。

跨市场交易信号

图 8–2 对比了左侧 GLD 和右侧 GDX 在同一时期内的走势变化。两者在 2010 年 10 月都出现了回调,但是黄金价格(由 GLD 表示)貌似并没有触碰理论上的支撑位。在那时,根据斐波那契回调线,虽然确有一些迹象表明黄金市场将在 10 月底继续向好,但要是这一过程能得到该支撑位的确认就太美妙了。相比之下,右侧的 GDX 则回落至由当年夏天多次出现的价格运行高点构筑的明显的支撑位,这也正是我们企盼的确认信号。

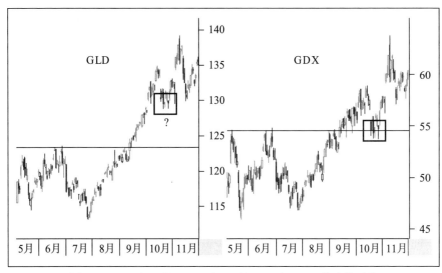

图 8-2　2010 年 5 月—2010 年 11 月 GLD 与 GDX 的走势对比

数据来源：MetaStock。

　　因为黄金股比黄金波动性更大，所以投资者情绪更容易被识别并用于短线择时交易。虽然我们之前讨论的技术信号在仅进行 GDX 交易操作中已能够独立地发挥作用，但是长期投资者或寻求较低波动水平的交易者可能更偏爱 GLD，并使用 GDX 作为信号。对比像这样的两个市场的运行状态并使用 GDX 作为技术指标的第二个好处是，它不会像绝大多数技术指标那样滞后于黄金。

反转中的信号

　　黄金价格和黄金股之间的关系也可以在反转行情中得到验证。在第 6 章中，我们曾讲到当市场趋于平稳时，底背离和顶背离会更为明确和可靠，且技术指标往往滞后于价格的变化。黄金股投资者可能对黄金市场中技术上的背离非常感兴趣，因为这些信号将更加准确和稳定。

在图 8–3 中，我们继续将 GLD 和 GDX 做对比，只是这一次我们采用的是 MACD 指标。2010 年 11 月 15 日，GLD 出现了非常明显的顶背离，但与此同时，GDX 上提示反转风险的指标信号则出现在稍晚的 12 月。最终，这里的背离被证明具有很强的前瞻性，黄金股随即开始下跌。

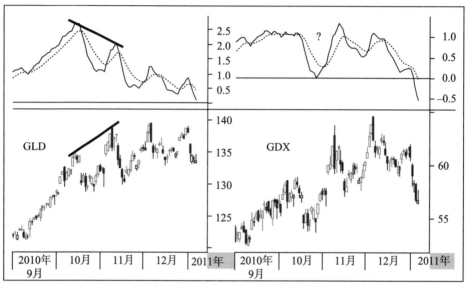

图 8–3 2010 年 9 月—2011 年 1 月 GLD 与 GDX 的走势对比

数据来源：MetaStock。

通过本章的学习，你需要明白的一点是，黄金市场中技术指标的外延实际上非常宽泛。观察黄金股短期内的支撑和阻力位是判断黄金交易买卖时点很有价值的参考，而黄金市场中更温和的价格行为则将传递大量有关主要趋势变化细节的信号，从而有助于为黄金股交易者提供更可信赖的指示。这些都意味着即使你只交易一种类型的黄金资产，你也有必要分析其他市场的运行特征。此外，除了可靠的技术分析信号，关注其他类型黄金资产市场还能提升和重塑你对整个黄金市场的总体认知，从长远看，这可以帮助你做出更好的长期投资决策。

需要考量的其他因素

当你在交易中加入这样的分析时，你应当注意以下两个技术问题。

等待双重确认并不能提高你的胜率。这是一个令很多交易者感到困惑的问题：当多个指标或交易信号一致时，交易成功的可能性不是应该更大吗？但现实是，等待同时来自黄金和黄金股的信号一致并不能增加你交易成功的可能性。我们曾在第 6 章中就这一点（也被称为指标叠加）有过更全面和深入的探讨。

添加指标不当可能将增加交易频次。另一个相关的风险是，增加过多的分析指标可能增加你的交易频次，由此导致的成本上升将会影响你的收益。一个好的分析师应该能更好地协助你理解取舍的意义。这样做可以使你不必焦虑于错失某些关键事项，同时将分析集中到那些你最关心的因素上。

交易商持仓报告

在期货市场上有三类交易者：大型银行和投资公司等大型投机者、小型投机者或个人投资者，以及大型商业套期保值者。每一类交易者的总体持仓情况会在美国商品期货交易委员会每周发布的一份报告中披露，这份报告被称为交易商持仓报告（commitment of traders，COT），于每周五向公众发布。

这一周一次的"闹钟"是一个非常不错的分析工具，因为它为黄金价格的趋势强弱提供了最新的信息。如果交易者都有多头头寸或正在增加他们的多头头寸，那么市场也会有看涨倾向。同样，如果交易者以空头为主或者正在增加他们的空头头寸，那么我们就需要采取措施来控制我们在黄金多头头寸中的风险。然而，并不是所有交易者的分析都同样重要。事实上，我们更关心的是黄金市场中的某些交易者正在做什么，我们想做的可能与他们完全相反。

商业套期保值者

这类交易者是一些利用期货市场对冲其在现货黄金市场风险的公司和机构（绝大多数是黄金生产者和黄金银行）。例如，一家黄金矿业公司可能会做空黄金期货，从而使其能有效"锁定"今后生产的产品的价格。黄金矿业公司并非真的看空市场，认为黄金前景堪忧，而是考虑到如果黄金价格将来下跌，那将直接损害其未来的利润。卖出黄金期货合约以保护交易者利益的逻辑与交易保护性看跌期权是相同的。这些交易者通常运用期货进行风险管理，因此它们进入市场的目的一般与作为投机者的我们的目的是不同的。

大型投机者

这类交易者（有时被称为非商业性机构或管理基金）包括大型机构投资者、对冲基金以及以投资和价值增值为目的交易黄金期货的其他实体。它们通常并不会直接涉足基础大宗商品或资产的生产、流通和管理。我们应当密切关注这类交易者的一举一动，因为它们的利益诉求和我们息息相关。

非报告交易者

这类交易者是一个笼统的范畴,指那些由于规模较小而无需向美国商品期货交易委员会报告头寸的交易者。我们不知道有多少个人交易者,也不知道他们使用何种投资策略。大部分市场专业人士认为,这些非报告交易者中绝大多数都是个人投机者。虽然他们的行动总是难以琢磨,但是你会发现他们的交易行为经常是在和趋势对赌。因此,你不必太在意这类交易者的动向。

通过 COT 报告了解大型投机者的所作所为,可以帮助我们了解黄金的趋势,因为我们可以了解那些所谓聪明的资金正在做些什么。试图从 COT 中获得准确的买入和卖出信号是很困难的,因此该报告的主要意义在于帮助你识别和评估趋势的强度。COT 发挥着趋势指标的作用,你可以在现有趋势保持强势状态之时使用其他分析决定入场的时机,或者在趋势变得不明朗时大致判断应当在何时采用更严格的风控措施。

如何使用报告

尽管 COT 颇有价值,但来自美国商品期货交易委员会的未经加工的原始数据在没有实践支持的大环境下还是会有些繁杂和晦涩。一般来说,观察信息在不同时间节点上的变化要比单一的静态内容更有意义一些。由 COT 数据生成的动态曲线图能够有效解决这个问题。

你可以每周自己动手找到及核验该报告,并通过微软 Excel 等软件制作图表。虽然这需要花些功夫,但是我们觉得这绝对是值得的,因为它让你切实接触和深入研究数据本身。由于这份报告只是每周更新一次,因此工作量其实也没你想的那么复杂和沉重。你可以在美国商品期货交易委员会的官网

www.cftc.gov 上找到 COT 和相关的历史数据。当然，如果一想到电子表格和制表软件就让你头大，那么你可以在互联网上找一些免费的 COT 图表资源。图 8-4 中，我们绘制了 2006—2010 年，大型投机者多头仓位的净头寸情况。

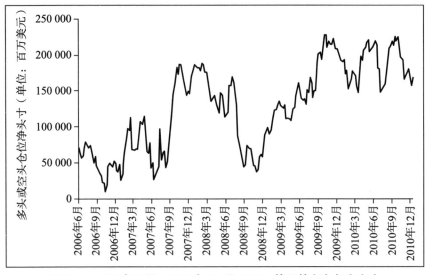

图 8-4　2006 年 6 月—2010 年 12 月 COT，管理基金净多头头寸

数据来源：美国商品期货交易委员会。

　　如图 8-4 所示，大型投机者多头或空头仓位的净头寸自 2008 年金融危机以来一直在持续上升，这和我们的预期完全吻合。在之后的几年里，随着投资者对风险对冲和多元化投资策略需求的增长，同样的态势应该还将维持下去。通过叠加一些市场趋势背后的额外信息，你也可以将 COT 作为一种有用的短期交易工具。当大型投机者削减其净多头头寸，那么现有的行情很可能将出现波动或调整；反之，若他们增加多头头寸（尤其是当这一情况出现在极端低值之后），那么趋势一旦形成，就必将非常强劲。

利用 COT 进行交易

如图 8-4 所示，2009 年 6 月至 2010 年 12 月，共出现了三次大型投机者净多头头寸的峰值。最后一个峰值后，数据在 10 月中旬开始破位（触碰其阻力背后继续下行），这是长期交易者重新评估仓位水平、加强风险控制的信号。从 2010 年 10 月中旬到 2010 年末，黄金市场依然疲软，额外的风险保障卓有成效。

出现在 2009 年 11 月和 2010 年 5 月的前期两个高点构成了图 8-4 中最重要的阻力位。之后黄金市场维持了一段时间的震荡走势，黄金价格也出现了下跌。但由于黄金市场上潜在的基本面因素利好不断，因此我们不建议使用这些信号来逆势操作。例如，很显然，如果在 2010 年 6 月的回调中"流程化"地做空黄金，那将是很不明智的选择，因为随后市场的反弹持续了整个第三季度。在这一过程中，卖出备兑看涨期权或者哪怕买入保护性看跌期权都可以为你提供一定的保护作用，并在弱势趋势期间为你带来部分收益。

相似地，当 COT 的净多头头寸像在 2010 年 7 月底那样靠近支撑位的时候，我们应当勇敢地增加一定程度的风险敞口或建立新的多头仓位。比如，在该支撑位购入长期看涨期权或者直接买入 ETF 博取短线机会，这将是一笔有利可图且非常值得回味的交易。

需要考量的其他因素

COT 提供了关于黄金市场走势和投资者情绪的非常有意义的信息。除了跟踪大型机构交易者的行动轨迹外，你还能看到主要套期保值者的动向以及市场中每个个体的"押注"力度。不过，透明度也带来了以下两个缺陷。

1.COT 的滞后性。虽然 COT 是很实用的工具，但是周五发布的数据实际仅仅更新至当周的周二。由于 COT 在很大程度上是一种趋势指标，所以你也不必太过忧虑这一滞后状态。唯一的问题是，有时某些重大事件可能发生在报告发布之前和周二的刷新点之后，这会使报告的内容略带些"穿越感"。

2. 再聪明的资金也会犯错。大型投机者或基金管理人通常被视为市场中聪明的资金，但是他们仍然会对市场做出错误的预判。只有适当的风险控制和仓位管理措施才能够确保你在聪明的资金发生重大失误时不会措手不及。

出售看跌期权

卖出看跌期权是一项极具争议的策略，却能够为黄金的短期交易者和长期投资者创造远超想象的回报。对此，主流的理论争论焦点在于，人们困惑于卖出一份无担保看跌期权和买入 100 股股票到底哪一个风险更大。正如绝大部分交易中涉及的问题一样，答案稍显微妙。如果看跌期权有 100% 的现金担保，那么其最大的风险将和直接持有股票是一样的。但是，如果你卖出一份看跌期权且仅满足最低保证金要求（大约是合约标的资产价值的 20%），这其实是加了杠杆，风险自然也就更大。

卖出一份无担保看跌期权实际上是一种多头策略，因为你预计看跌期权在未来是无益的，即在期权到期时，股票价格将高于期权行权价格。当你卖出无担保看跌期权时，你预先获得了期权费，但也必须提交保证金为今后可能的潜在损失给予"担保"。你可以大致预估出所需保证金的具体数额，即行权价格乘以 20。当然，你还可以用足以在未来以看跌期权的行权价格买到 100 股股票的现金为这份看跌期权提供担保。依据风险承受能力，大多数交易者都有比实际要求更多的保证金，但也不会真的诉诸全部合约保证金额。

卖出现金担保看跌期权和卖出多头股票头寸

设想一下，你的经纪账户现在有 13 800 美元，可购买 100 份当前价格为每份额 138 美元的 GLD。不会有任何经纪商会因你执行这样一笔交易而提出异议，因为此时的全部风险已经完全由 GLD 价格的变动覆盖了。

现在，我们进一步假定如果你又决定不买 GLD 了，而是转而卖出一份无担保看跌期权。和直接购入 GLD 一样，这是一个基于市场将向好判断的交易，因为你希望 GLD 升值或至少其价格能高于你的行权价格，这样看跌期权就将到期作废，你便可以"彻底"拥有全部期权费。想到这里，你卖出了一份期限为 50 天、行权价格为 138 美元、期权费为 400 美元的实值看跌期权。最极端的情况下，GLD 的价格跌至 0 美元，看跌期权的买方毫无疑问将执行合约，把 GLD 份额按约定的行权价格卖给你。这也就是说，在理论上，这笔交易可能带给你的最大损失（虽然不可能出现）是 13 400 美元。

少安毋躁！卖出这份看跌期权的最大风险难道应该比直接购买 GLD 份额少 400 美元吗？是的，没错。因为在你卖出看跌期权的时候，你拿到了期权费，无论看跌期权最终被执行还是到期作废，这笔钱都是你的收入。然而，如果你随便找一个经纪商问一问卖出一份看跌期权的最大风险是多少，通常他都会用"无限"来敷衍了事，这是因为他们没有搞清楚做空看跌期权和做空看涨期权这两个概念。卖出一份现金担保的看跌期权几乎有着和卖出一份备兑看涨期权几乎完全一致的风险收益特征，后者一般是个人投资者账户初始默认的期权权限，而前者往往需要更高一级的交易权限。

因为出售看跌期权是一种主动管理型策略，所以成本控制也是一个大问题。对资金量有限的交易者而言，成本更可能与实际收益状态高度相关。这就意味着，当你的账户已经具有一定体量后才能实施这种策略。

卖出看跌期权

如果你认为黄金价格在短期内将会上升，看涨期权、ETF 或期货合约都是比卖出看跌期权更优的选择。只有当你明确地知道支撑位在哪、但又无法确定市场在短期内是否会继续我行我素的时候，卖出看跌期权才能派上用场。最普遍的情形是，黄金价格在已经经历了一轮强势的趋势过程后开始在一定程度上整固。此时的市场环境允许你在你认为金价无法触及的位置上实施交易。

例如，GLD 的上涨贯穿了整个 2009 年 11 月，随后偃旗息鼓，在接下来的五个月里开启了横盘整理。这是卖出看跌期权非常好的机会，因为它是金价出现显著价格波动后一种十分典型的震荡盘整过程。图 8-5 为我们很好地展示了这一点。最终在 2010 年 5 月重新形成趋势之前，GLD 的价格先后六次触碰了 104 ~ 108 美元的支撑位。只要 GLD 的价格能持续高于行权价格（图中阴影区域）直至期权到期，看跌期权就将到期作废。

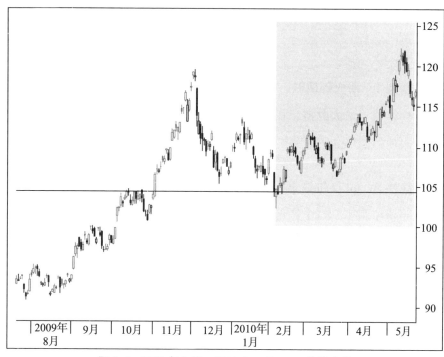

图 8–5　2009 年 8 月—2010 年 5 月 GLD 价格走势

数据来源：MetaStock。

　　卖出一份期限为 35 天、行权价格为 100 美元（低于支撑位）的看跌期权，如果对应的每份期权费为 1.20 美元，那么这意味着你将获得支付保证金条件下 6% 的回报或使用全额现金担保条件下 1% 的回报。数额虽然看上去可能不值一提，但是像这样现金担保的看跌期权的年化回报率几乎为 15%，而保证金交易的年化回报率为 100%。类似这种单一交易的潜在收益虽然较小，但具有很高的成功概率。GLD 的价格可能上涨、持平或下跌，却几乎不会增加交易的额外风险。更高的交易胜率是许多投资者在黄金市场中使用这一策略的原因之一。

一旦你卖出看跌期权，并一直持有合约到期，那么你将面对以下三种可能的结果。

可能性 1：期权到期时，GLD 价格高于行权价格。 此时，看跌期权到期作废，你将获得最大收益。在虚值看跌期权的前提下，这是你每次交易时最有可能出现的情形。

可能性 2：GLD 价格下行至低于行权价格的盈亏平衡点，看跌期权被执行。 只要价格高于 98.80 美元，该交易仍将有利可图，但是如果价格低于行权价格，就可以执行看跌期权。只要份额的当前价格和行权价格之间的差额小于你支付的期权费，交易就是赚钱的。

可能性 3：GLD 价格跌至盈亏平衡点以下，看跌期权被执行。 假设 GLD 价格最终"意外地"在期权到期时降至每份额 90 美元，那么你将要以每份额 100 美元的价格买入相应的 GLD 份额，为此你要承担每份额 8.80 美元的损失。很显然，这是我们所有人都不愿看到的结果，但是市场上什么事情都可能发生。作为一个看跌期权的卖方，虽然像这样的损失并非常态，但它一旦出现，就可能让你数月的辛勤所得付诸东流。

需要考量的其他因素

看跌期权卖方必须非常严格地落实其资金管理纪律，因为哪怕只是一笔糟糕的交易都可能损害巨大。保持适度仓位水平有助于你抵御过度交易的诱惑，也便于你在每次黄金市场显著走弱的那段时间里随时斩仓离场。作为看跌期权的卖方，你还应当时刻准备应对可能面临的各种不确定性。在你真正将相关的期权策略运用于自己的账户之前，一定要花上几个月的时间通过模拟交易系统不断演练。

期权费越高风险越大。许多交易者会为了获取更高的期权费，以尽可能靠近最近支撑位的行权价格卖出看跌期权。逻辑上，这种策略的修正并无大碍，但是高收益就必然对应着高风险，看跌期权的行权价格越是接近于标的资产价格，看跌期权在到期时就越有可能处于实值状态，这将使你遭受损失。风险与收益之间的权衡是金融市场中永恒的话题。

你可以在期权到期之前将看跌期权买回。和绝大多数其他的交易一样，你不必锁仓到底，也可以在期权到期之前将看跌期权买回来以获利了结或止损。事实上，许多看跌期权的卖方不出意外都会在到期日来临前的上一个周五平仓离场，然后再卖出下一个月的看跌期权。这样做能带来微小的跨期盈利，但更重要的是，减少了期权被执行的可能。

执行期权是有成本的，而且不便宜。只要你没有过度使用杠杆，看跌期权被执行也算不上是什么坏事，但是为完成期权执行过程，经纪商会收取较高的佣金，因此省下这笔钱（如果可能的话）肯定是最好的选择。

将看跌期权转为价差期权能够有效控制你的风险敞口。如果买入另一个到期日相同、但有更低行权价格的看跌期权，你便可以将交易的风险控制在两个不同行权价格差额的范围内，这种策略被称为垂直价差（vertical spread），如果使用得当，这将有不错的表现。然而，它也会显著降低潜在的收益水平。通常我们并不推荐使用这类虚值价差期权，因为它们的回报相对于承担的风险确实太低了，但是你完全可以使用模拟交易系统来感受一下它们的实际效果。

提高组合头寸的杠杆率

虽然我们曾将合成头寸视作一种短期策略，但是其依然适用于有较高风险承受能力的长期投资者。主要的差别仅仅是你用于评估的时间框架。在后面的例子中，我们会展开分析如何修正这一策略，以使其适用于更长期的预判和交易。

合成头寸作为一种期权策略，意在利用额外的杠杆来复制标的 ETF 股票的价格走势。合成头寸由一份具有相同到期日的看涨期权多头和看跌期权空头组成。这意味着合成头寸的一方处于无担保的状态，你需要提交保证金才能完成这笔交易。就像我们在第 7 章中讲到的那样，你可以通过将该空头期权的行权价格乘以 20，大致估算出为某笔特定交易所需支付的保证金。换句话说，这一策略最大可以实现 5 倍杠杆。这要比你在没有整合期权的情况下买入或做空资产时所能获得的最大杠杆率（即 2:1）大得多。

基于你对市场的判断和交易目的，合成头寸既可以用一份看涨期权多头和一份看跌期权空头来构建（即合成多头策略），也可以用一份看涨期权空头和一份看跌期权多头来构建（即合成空头策略）。但在具体操作和实践交易中，你可以在期权到期日、甚至行权价格上有更大的自主和灵活性。在下面的这个例子中，为了简便起见，我们选用的期权具有实值的行权价格和一个较短的期限。

合成多头策略

如图 8-6 所示，黄金价格虽然在 2010 年 11 月初创造了历史新高，但随后在 2010 年 11 月 16 日回落到了 130 美元附近的支撑位。假设你将之前 139.15 美元的高点设定为利润目标，并基于 130 美元的行权价格和 12 月到期的期限构建合成头寸。如果一个合成头寸的行权价格非常接近标的 ETF 股票的当前价格，那么来自卖出看跌期权的现金流入就应该和来自买入看涨期权的现金支出基本持平。实践中，实际的合成"成本"与市场的波动性以及你具体交易时的价格变动有关，如果你选择的入场时机足够好，那么合成过程说不定也会为你带来少许的净收益。

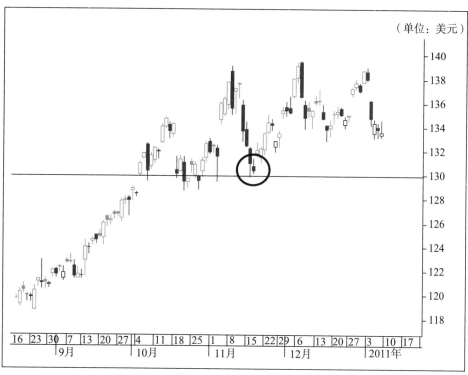

图 8-6　2010 年 9 月—2010 年 12 月 GLD 价格走势

数据来源：MetaStock。

最终，上述交易形成了以下两个头寸部分。

第一部分：买入了一份 2010 年 12 月到期的行权价格为 130 美元的看涨期权，对应每一份额资产的期权费为 3.05 美元，即整份合约价格为 305 美元。

第二部分：卖出了一份 2010 年 12 月到期的行权价格为 130 美元的看跌期权，对应每一份额资产的期权费为 3.00 美元，即整份合约价格为 300 美元。

实际的成本支出为每份合约 5 美元。

相对于对应的标的资产价值，这真的只能算是一笔很小的投入了。然而，这笔交易的总风险可绝不只是这每份合约的 5 美元。如果 GLD 的价格出乎意料地跌到了每份额 100 美元，看涨期权实际上变得毫无价值，而看跌期权现在最起码也将值每份额 30 美元。因为你是看跌期权的卖方，因此相关的损失需由你承担。虽然这种情形看似极端，但并非遥不可及，同时你也不应低估当价格以非常快的速度调整时，持有黄金资产多头头寸的风险。另外，你还需要为打算卖出看跌期权提交保证金，这也可以帮助你更准确地预估本次交易中你的真实"投资"数额。我们可以通过用被卖出的看跌期权的行权价格乘以 20，从而快速估算出这笔交易的保证金要求，本例中这笔金额是每份合约 2600 美元。

既然我们已经知道了所需的保证金，我们之前述及的五倍杠杆现在就更有意义了。如果你直接买进 GLD，你需要支付 13 000 美元（每份额 130 美元 ×100 份 =13 000 美元）。用这个标的资产价值（13 000 美元）除以实际需要支付的保证金（2600 美元），商等于 5。哇！使用杠杆大大增加了你的购买力，并且提高了潜在的收益水平，当然，与此同时你也承担了五倍的风险。

一般来说，合成头寸都是通过逐一交易的方式一并实现的，要么同时构建两个头寸部分，要么一个也不碰。你也可以一次只做出组合的一侧，但你可能不得不支付更高的买卖价差和更多的交易佣金。在为自己的账户开通做空看跌期权权限之前，你可能需要与你的经纪商商量一下。有些经纪商会很爽快地同意，而另一些则不会。

与纯多头策略的比较

假如 GLD 份额的价格涨至前面设定的 139.15 美元的利润目标价位。如果你只是一直持有 GLD，那么每份额就赚到了整整 9.15 美元，也就是 7% 的投资回报。而在另一边，合成头寸也会获得至少每份额 9.15 美元或每份合约 915 美元的收益。原因在于看跌期权此时已经没有了任何价值（如果你是卖方，那我们要恭喜你了），而同时看涨期权至少有着 9.15 美元的内在价值。然而别忘了，由于在这种情况下，你的初始投资只有相应标的资产价值的 1/5，因此，你现在的回报率将升至 35%。

我们在前面曾经讲过，如果你从未做过黄金期权交易，那么你应当在真正拿出真金白银之前，利用模拟交易系统多多练习和试错。说到底，这是一种高风险的交易，你的仓位相较于其他类型的投资组合应当保持在相对较低的水平。

需要考量的其他因素

在正式开始交易前，你还应当关注合成多头策略其他方面的一些问题。

期权的价格并非总是如你所愿。期权价格的变动并不总是以完全线性的方式进行的，因此当你结束交易时，你的盈利有可能比你预期中略多或略少。没有人看到过未来，你的实际收益和你设想的结果之间存在细微的偏差是非常正常的情况。这种偏差肯定是越小对你越有利，但是这也意味着你可能需要为此承担收益遭受侵蚀的风险。

执行期权的成本可能很高。在你出售期权的时候，你有了或早或晚被执行期权的或有义务。期权被执行时，看跌期权的买方可能会按行权价格把标的资产卖给你。提前行权在实践中并不多见，但是当看跌期权处于深度实值状态时，权利人很有可能会提前行权。你应当事先就相关的风险咨询你的经纪商，以明确期权执行中的事宜，以及如果你发现自己的账户中真的多了100份额的资产，你该如何处理和行事。

你可以"拆分"看涨期权和看跌期权的行权价格来实现策略修正。投资者还会经常使用另一种可以替代合成头寸的策略，即组合期权，它与合成策略非常相似，只是包含了两个不同的行权价格。有时当黄金价格正好处于两个行权价格之间的时候，交易者便有这样做的动机，在构建组合期权时，只要其多头头寸部分比空头头寸部分处于更大的虚值状态，它就能形成现金净流入，而不是净流出。

在之前的例子中，假设你决定以每一份额2.65美元期权费的价格买入行权价格为131美元的看涨期权，同时以每一份额3.00美元期权费的价格卖出行权价格为 130 美元的看跌期权，那么最终的结果就是对应每一份额 0.35 美元的净收益，即整份合约 35 美元的净收益。这笔收入应该已经足以抵消你的佣金成本了，但是与此同时，这种做法也稍稍限制了市场上行时的未来潜在收益。

除了存在现金净流入，组合期权相较于合成头寸还有另一个优势。如果 GLD 价格保持平稳并最终位于两个行权价格之间，那么这两份期权到期时都将失去价值，你可以顺理成章地将这部分不算太大的收入确认为你的利润。正如你想到的那样，这种结果属于比较极端的情形，也不应该成为你选择组合期权而非合成策略唯一的理由。你可以利用模拟交易系统比较这两种策略，来切实感受一下两者的差异以及它们各自最适合的市场条件。

资金管理策略

头寸管理

资金管理是金融交易中最易被忽视的，但它却可以对你的整体盈利能力产生最大的影响。每当我们和交易新手讨论起他们账户上有很大一部分损失的时候（类似的情况远比你想象中的更普遍），问题几乎总是与欠缺资金管理脱不了干系。对于主动型交易者而言，这甚至比基本面分析、技术分析、流动性管理和资产配置都更重要。幸运的是，资金管理策略总结下来可以归结为两个极其简单的概念：保持一致性和轻仓操作。

简单地说，保持一致性就是要确保你的交易始终保持相似的规模。有许多专门针对该主题的著述（其中一些非常具有参考价值），而最复杂的头寸管理策略的 90% 的好处都能够通过保持你交易规模的一致性来实现。

轻仓操作则是保持一致性的必要前提。如果你习惯重仓交易并且老是踩不对点儿（我们又何尝不是呢），你的投资组合可能会有很大的损失，这将使你在之后的交易中很难保持一致性。对于资金量有限的交易者来说，轻仓操作也是困难的抉择，因为单单一份期权或期货合约可能就占到或超过了其账户资金保有量的 5%。面对这种情况，我们建议你先维持长期投资策略，直到你的账户规模已壮大到足以适用资金管理策略之时再从长计议。

想要在短线交易中落实资金管理策略，你首先就需要确定你准备拿你投资组合中多大的比例去面对交易方向完全错误的结果，以及在既定的交易中到底有多大的风险——就是这么简单。一旦你对这两个问题有了明确的答案，你就能够切实地了解自己在某笔交易中应当投入多少钱。如此一来，头寸管理也将变得得心应手。

你能承受的最大损失是多少

这个问题远比你想象的更容易回答。尽管有一些现成的公式可以帮助你计算出某一笔交易中最优的投资比例，但是一般情况下，你最好还是从比较小的一个数额起步，并随着时间的推移和你交易的真实感受慢慢调整。通常我们建议最开始可以将这一比例设定在你整个投资组合的 1% ~ 5% 之间。简便起见，在后续的例子中，我们将默认使用 3% 作为投资风险资产的比例。

这就意味着如果你有 100 000 美元资金，并愿意拿出其中的 3% 投入具体的金融投资交易中，那么此时你的交易规模便是 3000 美元。主动型投资者往往既会经历收获的喜悦，也有惨痛的苦楚，遗憾的是，成败的概率在交易过程中的分布并不绝对均匀。虽然伴随着你的盈亏切换，基于你的账户表现以绝对美元计量的头寸规模也会相应扩大和缩减，但是你投资风险资产的比例应当始终保持不变。

这部分的资金管理过程直接且简便。当你连续盈利，你就会有增加仓位的冲动；而当你"霉"运不断，你又会心灰意冷，削减持仓规模。抑制自己的冲动，尽量保持良好心态，从"小"事入手，这些将有助于你即使在面对诸多不利环境时也不至于一败涂地。

你愿意为某笔交易承担多大的风险

一谈到杠杆，这部分问题马上就显得有些微妙了。例如，一个看涨期权多头头寸的风险很显然就是全部期权费，因为期权价格是波动的，甚至可能出现快速的下跌。但是若假设卖出一份看跌期权、构建一个合成头寸或买入一份期货合约的风险等于对应头寸的标的资产价值就可能不是那么合理了。例如，虽然黄金价格有可能跌至 0（这将导致看跌期权空头、合成多头或期货合约多头在理论上的最大损失），但是对于我们的讨论目标而言，这并没有什么实际意义。

通常我们的建议是，如果杠杆头寸类似于股票或期货合约，那么标的资产价值的 20% 就已经是很合适的风险敞口了。但如果你正在做空期权，那么风险将会是行权价格的 20 倍，或者说是等值的标的期货合约价值的 20%。虽然你可以通过考量波动性的差异对类似的策略做出一定的改进，但是建立在头寸管理一致性原则下的这些可能的改进，大致只有 10% 能产生一些效果。随着逐渐积累起更多的经验，你将可以在不需要彻底重塑你决策过程的前提下，更轻松地完成部分细微的调整。

如何确定每笔交易的规模

假定你在 GLD 价格为每份额 150 美元时构建了一个实值合成多头头寸。你在每份合约上便有了 3000 美元的风险暴露（空头看跌期权的行权价格乘以 20），这意味着你可以购买的这个特定的投资规模与我们之前提到的投资组合最大损失数额是相一致的。

再举一个稍微复杂一些的例子。假定你想买入一份一家名为诺华黄金资源的黄金勘探公司股票的看涨期权，其目前股价为每股 13 美元，且期限 60 天、行权价格为 13 美元的看涨期权对应每股的期权费为 1.40 美元，即整份合约价格为 140 美元。你的目标是投资形成 3000 美元的风险敞口，也就是说你应该买入 21 份合约以使该头寸的风险暴露和你直接买进 GLD 的效果相一致。

一步步拆解这个计算过程理解起来会更简单一点。

你能承受的最大损失是多少？ 100 000 美元（资金）× 3%（本次交易允许的最大损失比例）=3000 美元（本次交易最大风险）

具体交易中的风险敞口是多少？以及你相应地应该购买多少份期权合约？ 3000 美元（本次交易最大风险）/140 美元（每份期权合约价格）=21 份（四舍五入）

由于主动型交易者在一次交易中会同时执行很多操作，如果头寸管理不能简单易用，那么他们就不会一直这样做。当市场波动，而你又备感压力之时，试图快速估算并不是一件容易的事情，因此我们建议你新建一个电子数据表格，以记录你的资金变化情况，同时这也有助于你在开始新一轮交易时迅速复核你的推算结果。寻找一名交易伙伴，将其作为你交易前的双重保险也是一种很不错的尝试。

尽可能用较小的投入赚更多的钱

在上一部分中，我们曾提到过轻仓操作的重要性，但是这个概念值得再多说几句，因为假设轻仓投资能够提升你的整体盈利能力似乎有点违背常理。如果交易成败的概率分布绝对均匀，交易规模就不再是什么问题了，但是实际情况肯定不是这样的，除非事实摆在眼前，否则你永远不会知道自己的"霉运"会持续多久、会差到什么程度。

设想一下，你的账户中最初有 100 000 美元，且在一笔重仓投资中亏掉了 20%，这意味着你的账户里现在只剩下了 80 000 美元，即使下一笔交易可以为你带来 20% 的收益，你的账户也只有 96 000 美元，这不足以使你回本。实际上，你不得不在下一笔交易中实现 25% 的收益才能回到盈亏平衡。一旦你出现连续性"失手"，很短时间内叠加了复利的损失就会让情况变得更糟，尤其是如果你试图在每一次交易中都投入很大一笔资金（以百分比计）的时候，结果会更加糟糕。

例如，表 8–1 为我们展示了五位分别选择不同仓位比例交易者交易对标的详细分解结果。对标过程先面临了五次连续亏损，后又连续收获了比前期五次连续亏损更大比率的盈利。正如你所见，在险资产占比最高的交易者最终仍处于较大的亏损状态，而与此同时，两位仓位规模最小的交易者却最终实现了正收益。

表 8-1　　　　　　　　　　　　　交易规模比照表

单位：美元

交易序号	或有结果	在险资产占整个投资组合的比例				
		3%	5%	10%	15%	20%
		100 000	100 000	100 000	100 000	100 000
1	−100%	97 000	95 000	90 000	85 000	80 000
2	−80%	94 672	91 200	82 800	74 800	67 200
3	−75%	92 542	87 780	76 590	66 385	57 120
4	−100%	89 766	83 391	68 931	56 427	45 696
5	−20%	89 227	82 557	67 552	54 734	43 868
6	+75%	91 235	85 653	72 619	60 892	50 448
7	+100%	93 972	89 936	79 881	70 026	60 538
8	+80%	96 227	93 533	86 271	78 429	70 224
9	+100%	99 114	98 210	94 898	90 193	84 269
10	+50%	100 601	100 665	99 643	96 958	92 696
最终结果		+0.60%	+0.66%	−0.36%	−3.04%	−7.30%

* 注：除百分比和序号外，其余数字单位均为美元。

以每笔交易的投资额而论，主动型交易者的亏损或盈利往往都非常大，这是因为他们经常在交易中使用期权或期货等杠杆工具。在表 8-1 的对标中，仓位较重的交易者处于劣势，因为虽然他愿意承担更大的风险，但（在经历了一连串糟糕的交易之后）他可用于操作的资金明显变少了，同时这也必然导致其头寸规模不能很好地保持一致性。

考虑到对标初期惨不忍睹的亏损比例，仓位最轻的投资者表现得相当不错，他实际上最终赚得了一小部分利润。同时，他也能游刃有余地保持每次交易中的一致性。因为无论成败，某一次投资对全部投资组合都仅有非常小的影响。

　　表 8–1 展示的是一种过度优化的情形，因为交易都是按顺序进行的，即每一次交易都恰好发生在上一次交易完成之后，而新的资金结余也已知的前提下。这些并没能很好地反映现实情况，因为绝大多数交易者会同时持有很多不同的头寸。当所有的头寸同时维持动态，如果真的出现像图表中那样的连续亏损，那么重仓的交易者肯定已经早早出局。

　　如果你本就是主动型交易者，那么你更应该用上述的概念考量一下自己的行为，看看你是否正在使用着错误的头寸规模。从你的真实账户中导出历史交易数据，开始按照电子数据表格切实降低仓位比例，并且无论面对盈亏，都保持这一比例。如果你将头寸规模的一致性长久执行下去，你就能轻松体会到轻仓操作是否能给你带来更好的交易表现。这一过程早已得到了数百位交易者的检验，结果非常具有说服力。

　　虽然我们更倾向于接受高风险理论上对应着高收益，但无论是按百分比还是绝对美元标准计量，在一系列交易中过度重仓都会减少你的回报，即使你的胜率超过 50%，结果也未尝可知。因此，请花些时间重新审视一下你的仓位比例，以及你是否正在为此牺牲过多的效益。

风险控制（止损）

　　随便拿起一本有关金融交易的书，止损指令都是最重要的主题之一。然而，它也是一个需要仔细拿捏的工具，如果使用不当，就很容易在黄金市场上误伤自己。并非所有交易中都要设置止损，使用止损指令只是为了保护你的投资组合免受预期之外的、具有巨大冲击力的市场波动的影响。遗憾的是，许多交易者常常使用非常严格的止损指令，将决策委托给他们的电脑。这是一种对止损的误用，而且会导致更高的成本和过度交易。

什么是止损指令

止损或止损市价指令是一种附条件生效的指令，即当某次交易的亏损达到预先设定的数额时，交易便会自动执行。例如，如果你以每股 50 美元的价格买入了 ABX 股票，并将止损指令设定在 45 美元，若股价跌至 45 美元或更低的水平，那么你无须再输入指令，交易就将即刻完成。

止损指令实质上是一种市价委托。这意味着如果价格触及止损价，市价委托订单便会被直接执行以完成交易。但市价委托订单的执行价格却可能比你预期中的低得多。例如，如果 ABX 的股价一夜之间断崖式地从每股 50 美元跌至 40 美元，那么你的止损指令将会被执行，但交易最终将以 40 美元完成，因为那才是现在的市场价格。有些经纪商会允许你设置有条件的指令，交易仅能以你指定的具体价格执行或者根本不执行，但是作为一种风险控制方法，这些指令并不是很受欢迎。

何时使用止损指令

当你有一个非常大的头寸，且一个较大的非预期内的价格波动会对投资组合产生巨大冲击的时候，止损将是很好的选择。由于黄金市场固有的波动性，止损指令应该设置在离你的进场价格足够远的地方，以确保你不会因一次短暂的小跌而被迫出局。许多交易者有使用非常严苛止损指令的倾向，因为他们试图避免在需要平仓的时候再做决定。本质上说，这种做法是将交易过程中一个非常重要的部分（即关闭亏损头寸）交给了计算机，这往往意味着过多的交易被过早终止、更高的成本，以及屏蔽了未来潜在的市场上涨及获利可能。

你应当审慎确认一下，当你在交易中面对着固定风险和较高波动性之时自己是否真的需要止损指令。期权多头就是非常好的例子。在某些情况下，止损指令不仅不能为你提供保护，反而更可能损害你的利益。期权价格涨涨跌跌，并受价格行为本身、波动性和时间价值消耗的影响，所有上述的因素都能导致期权价格出现剧烈波动。当然，这些规则也并非绝对，在长期期权、合成头寸或价差期权的交易过程中，止损指令的意义反而更加明显。

我们通常的建议是，如果你的大量交易都是经由止损指令来完成的，那么你的价格说不定就是设定得有些过于严苛了。换句话说，在制定退出决策时，你没有发挥自己的主观能动性。如果交易过程中适度宽松的止损让你备感压力，这可能表明你的仓位规模或许太大了，而这对你账户的伤害比起那些偶发性小打小闹的损失要大得多。

止损条件不能用于衡量风险

在计算头寸规模时，交易者经常用止损条件作为衡量交易风险的指标。例如，一个交易者可能会假设如果他以每股 50 美元的价格买入 ABX 的股票，而后将止损价格设定在 45 美元，那么其最大风险就是每股 5 美元。这个思维逻辑很容易让你产生极度重仓的冲动。这种做法是错误的，因为止损指令说到底是一种市价委托（market order），因此你的损失可能比你预期的大得多。最好选择在一个较大的最大风险值上犯错，以保证你的头寸较小且可控。

使用移动止损指令尤其要慎重

移动止损指令（trailing stop-loss order）是一种在交易过程中设定一个低于近期价格高点特定差额的委托。例如，假设你以每股 50 美元的价格买入了 ABX 股票，并同时设定了一个 5 美元的移动止损指令。其具体执行过程与你在建仓后股价径直下跌至 45 美元的常规止损指令没什么区别。但是，如果当你完成一系列操作后，股价正好涨至 60 美元，那么止损点就会"跟踪"这次交易的变化结果而来到 55 美元。猛地一看这貌似无懈可击的策略，因为移动止损指令随着价格的上升持续保护着你的利润，然而移动止损指令的问题在于，其往往会在趋势过程中的一次短暂回撤时被执行。如果移动止损指令非常紧密地跟踪着你的交易，那么它将导致过早的离场并压缩了潜在的获利空间。根据我们的经验，使用类似移动止损指令这样的策略会引发过度交易并扭曲风险收益比。

在正确的环境和使用条件下，止损是一种很有效的风险控制工具，但是它也会导致一些可能影响账户表现的问题。你需要确认一下你的止损并非源于你过重的仓位规模，或没有进行必要的多元化投资配置。如果你在交易中频繁地进出，却不是因为有主观上的退出要求，那么你可能是时候重新评估你正在使用的这些工具了，还应思考一下你能够就自己的交易设定做些什么样的调整，以回避那些本可以规避的损失。可以使用一个简单的测试来看一看你的账户中是否存在相应的问题：导出你的历史交易记录，用一个更宽松的阈值适用于你所有的止损指令。被终止的交易产生的盈利能足以弥补其他交易中更大的损失吗？这一方法可以帮助你比较有效地识别你的止损条件是不是过于苛刻了，以至于你可能已经错失了很多潜在的获利机会。

第 9 章

白银：黄金的姐妹市场

　　白银和黄金在很多方面都非常相似，但是它们的不同足以在贵金属市场中为你提供一些额外的多样化选择。你可以使用与投资黄金市场中相同的策略投资或交易白银。与黄金一样，我们推荐的投资标的包括白银 ETF、ETF期权、白银股以及白银期货，而不是银条交易和现货交易商。如果你选择这样做，那么你很容易通过实物白银或银币投资白银。

　　白银市场与黄金市场是互补的，因为尽管市场相互影响，但它们并不是完全相关，白银对经济增长更敏感。许多贵金属投资者会利用这一微小的定价差异在这两种资产之间完成交易。当不确定性和恐惧情绪达到顶峰时，你可能更倾向于持有黄金，但当恐慌开始消退、经济向好时，你可能会转移一部分资产到白银上。图 9-1 展示了自 2008 年金融危机以来，这两种资产的相对变动情况。虽然在危机最严重的时期，黄金的市场表现优于白银，但是一旦复苏的曙光开始显现，黄金市场马上就失去了光环。

图 9-1　2006 年 4 月—2010 年 12 月黄金 ETF 与白银 ETF 的价格

数据来源：SLV、道富环球投资管理公司（State Street Global Advisors）。

　　2009 年和 2010 年，市场对白银的需求强劲，这令不少交易者开始担心市场会出现泡沫。由于白银市场的规模远远小于黄金市场，因此它对市场投机行为更加敏感。例如，1980 年，当亨特兄弟（Hunt brothers）未能垄断白银市场时，白银价格在两个月内从每盎司 50 美元跌至不到 11 美元，从而引发了国际恐慌，华尔街的银行最终也不得不请求政府伸出援手。

　　亨特兄弟的"闹剧"虽说是一个极端特例，但有迹象表明，我们现在正在做同样的事情。从事白银投资的基金经理们一直在以越来越快的速度建立白银期货多头合约，白银 ETF 越来越受人们的欢迎也给市场带来了很大压力。所有这些过剩需求虽然对价格是有利的，但是也会使市场更加脆弱。这些因素应该会导致未来市场的波动，这是你在做出进行长期投资决策之前必须要仔细思考的问题。

白银投资标的

白银和黄金的投资标的非常相似，有相同的优缺点，但由于白银往往比黄金有着更大的波动性，因此你可能更倾向于使用不同的策略和市场投资标的。流动性是这两个市场的主要区别之一，这意味着在每个标的类别中，白银交易者的可行选择更少。例如，对大多数投资者来说，具有合理的费用结构和足够交易量的白银矿业股或白银矿业 ETF 的选择非常有限。

银条

银条市场几乎与金条市场如出一辙。如果你有购买银条的打算，我们建议你亲自去拜访信誉良好的经销商，而不是看见杂志和互联网上的广告就在线下单。比起溢价很高且很难出售的具有收藏价值的钱币，从信誉良好的渠道那里购买银条和新铸银币通常是购买实物资产最好的方式。

ETF

我们认为白银 ETF 是长期投资者长期持有白银资产最好的选择。它们比期货 ETF 或杠杆 ETF 更便宜，并且能非常密切地跟踪白银价格。提供成本最低的黄金 ETF（IAU）的同一家公司（安硕）也推出了一只白银 ETF（即 SLV），该 ETF 在该行业中占有最大的市场份额。SLV 流动性强、价差以"分"为单位，还有一个非常活跃的期权交易链。对于几乎所有的白银交易者而言，这将是通过传统经纪账户和 / 或享有税收优惠的退休账户接入白银市场最有效的方式。

如果你对白银杠杆交易感兴趣，那我们强烈建议你使用黄金 ETF 的期权，以避免跟踪误差（tracking error）和高成本问题。这些问题困扰着所有杠杆 ETF 和反向 ETF。虽然这需要一个长期学习的过程，但是通过白银 ETF 或白银期货和期权获得的回报和灵活性表明这是值得的。

白银股

如果你更喜欢交易与白银开采和生产相关的公司的股票，那么你肯定知道板块内的标的非常有限。许多开采、勘探和生产白银的公司也参与黄金生产，因此黄金和白银股票的指数间存在相当大的重叠。虽然也有一些 ETF，如全球基金（Global Funds）公司的 Global X Silver Miners ETF（SIL），涵盖了相对较小规模的白银生产上市公司的股票，但由于其股票池相对较小，因此该基金的持仓非常集中，成本与其他指数 ETF 相比也就更高。

由于大多数专注于白银生产的企业都处于新兴市场，因此它们也是新兴市场股票的一个很好的代表。虽然在全球范围内进行股票头寸配置是实现多元化投资的一种好方式，但当你同时持有新兴市场股票和白银股时要小心，因为你可能无意中在同一市场的敞口上翻倍。因为涉及黄金和白银开采的公司间存在着重叠，所以我们认为除非有特殊原因集中投资白银股，否则黄金股 ETF 可能会表现得更好。

期货

在期货市场上，白银是一种非常活跃的交易标的。最大、交易最活跃的合约的每一手代表着 5000 金衡盎司。和黄金一样，它每周 5 天、每天几乎

24 小时交易。目前，市场上还出现了一种只有 1/5 标准合约规模的迷你合约。交易白银期货合约类似于交易黄金合约，它也有非常有吸引力的优势，包括税收优惠和杠杆等。任何有意愿且有能力交易黄金期货合约的交易者都可以不费吹灰之力地将白银期货合约纳入自己的投资组合。

白银市场的基本面分析

白银对大宗商品工业需求的变化比黄金更敏感，但是由于它也被视为一种价值贮藏手段，因此它将受益于对避险投资产品的需求。工业对白银需求的变化是白银具有比黄金更高波动性的原因之一，但这也是我们预计白银在高增长／高利率环境中比黄金更具抗跌性的原因之一。接下来，我们将重点分析其他会对白银市场产生影响的基本面因素。

恐惧与不确定性

在市场充满不确定性的时期，白银是一种稳健的价值贮藏手段和避险投资工具。在这种情况下，白银扮演的角色类似于黄金。然而在这样的市场条件下，一些投资者仍偏爱白银，因为即便白银的表现往往不如黄金，但它每盎司的成本更低。

投资需求

白银市场的规模相较于黄金市场要小得多，官方机构（如中央银行）对白银的兴趣也远不如黄金。这意味着大型机构交易者可能对白银市场产生更大的影响。例如，由于沃伦·巴菲特的投资公司购买了 1.3 亿盎司白银，因此白银价格在 1997—1998 年间几乎翻了一番。虽然没过多久，市场就回归了其历史趋势，但巴菲特的购买行为及由此产生的短期挤出效应是导致市场异常波动的主要因素。

从某种程度上说，对于在短期内看多白银市场的交易者而言，这可能是一件好事。虽然巨额资金的动向可能难以预测，但当前的趋势是，未来几年，对白银的投资需求将大幅增长。例如，SLV 自 2006 年推出以来，其所持有的白银已从最开始时的 2100 万盎司增加至 2010 年底的近 3.2 亿盎司，占白银年总产量的近 50%。如图 9-2 所示，你可以看到 SLV 的资产的惊人增长。

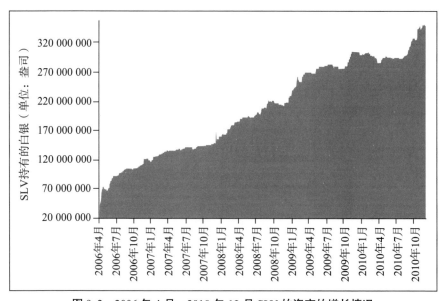

图 9-2　2006 年 4 月—2010 年 12 月 SLV 的资产的增长情况

数据来源：安硕。

尽管现在通过 ETF 投资白银非常方便，但这在多年前是不可能的。就目前的情况来看，对 SLV 等产品的需求似乎会持续增长，而这将在短期内为白银市场带来更大的看涨压力。在本书的策略部分，我们介绍了一个有效的黄金 / 白银交易策略，你可以用它来购买 SLV 和 GLD 的份额。

工业需求

市场每年对白银的大部分需求都来自工业应用、摄影和珠宝。白银是目前已知的最好的电导体，因此我们认为，随着科技进步及其逐渐渗透进我们的工作和私人生活的方方面面，新技术对白银的需求还将继续增长。这也意味着相比黄金，白银对经济增长和通货膨胀预期的变化更为敏感。经济增长和通货膨胀预期在短期内出现时，大宗商品的价格往往会上涨，这可能使白银成为比黄金更有效的对冲通胀的工具。

白银弥合了作为价值贮藏手段的贵金属和作为商品的贵金属之间的鸿沟，这也许就是为什么如此多的投资者更偏爱投资白银而不是黄金。我们非常认同白银是一种极具吸引力的资产类别，在某些情况下其表现可能更优于黄金，然而在一个多元化投资组合中，它还不足以成为与黄金拥有同等重要地位的资产类别。如果你确实想要投资白银，那么我们的建议是尽可能优化你的白银和黄金的配置，而不是在同一个市场中押更多注。

写在最后

黄金在全球金融市场中扮演着新的角色。越来越多的投资者有机会进入黄金市场，而且进入门槛越来越低。黄金一直以来都算得上表现好的投资标的之一，而且作为对冲投资组合中不确定性和波动性的工具之一，其优势明显。我们认为，无论 2008 年爆发的金融危机的影响是否延续至今，黄金都能够为投资者带来稳定、可观的收益，而且它还是未来稳定市场的基石。正因如此，投资者可以继续把黄金作为首选的避险投资标的。

写作本书的目的是帮助你了解当今黄金市场中存在的机遇以及面临的诸多挑战。为了能保证书中的内容是实用的，我们着重介绍的是黄金投资标的和交易策略，而非政策和猜想。我们希望这对你管理自己的投资组合有所帮助。我们预计，黄金投资者在未来会见证更多的创新与改变，我们很荣幸能成为这一过程的见证者和参与者。

当你踏入黄金市场时，请记住，要做你自己的研究。预测市场和投资黄金在很大程度上会受到主观因素的影响，并取决于个人的观点和投资目标。随着你越来越多地参与进来，我们希望你能给出一些属于你自己的观点，因为只有这样，你才能找到最适合你的账户和资金平衡的投资选择。

北京阅想时代文化发展有限责任公司为中国人民大学出版社有限公司下属的商业新知事业部，致力于经管类优秀出版物（外版书为主）的策划及出版，主要涉及经济管理、金融、投资理财、心理学、成功励志、生活等出版领域，下设"阅想·商业""阅想·财富""阅想·新知""阅想·心理""阅想·生活"以及"阅想·人文"等多条产品线，致力于为国内商业人士提供涵盖先进、前沿的管理理念和思想的专业类图书和趋势类图书，同时也为满足商业人士的内心诉求，打造一系列提倡心理和生活健康的心理学图书和生活管理类图书。

《巴菲特教你选择成长股》

- 价值投资追随者经典入门之作，清晰阐释巴菲特选股策略，跟着巴菲特学会找到好生意、好企业、好价格，将股王经验转化为直接可用的投资准则。
- 巴菲特推崇长期，甚至终生持有股票，而摒弃超短线操作。在他看来，市场先生短期是情绪异常、捉摸不定的。本书结合案例分析，使投资者更容易理解巴菲特的长期投资策略，并能够一步一步地跟随巴菲特的道路，在市场中找到便宜货。

《金融 AI 算法：人工智能在金融领域的前沿应用指南》

- 汇集人工智能和金融领域意见领袖和专家的实战经验和真知灼见，颠覆金融领域的传统模式和技术。
- 全面透析人工智能在金融市场、资产管理和其他金融领域的前沿应用和未来发展趋势。

《与时间和风口做朋友：股权投资策略与思维》

- 知名股权投资专家多年一线实战经验总结，教你培养投资思维，在股权投资蓬勃发展的市场中抢占先机，让每一次投资行为精准达成目标。
- 资本市场一直不缺风口，缺的是时机和长期主义。股权投资是一种长期投资方式，相对于其他很多投资方式而言，能为投资者带来长期收益。聪明的投资者懂得在实战中培养自己的投资思维，用投资思维去思考问题，在日常生活中找到投资的规律，对自己的资产和每一个投资行为负责。

《企业的护城河：打造基业长青的竞争优势》

- 众多业内人士、专家、学者联袂推荐，揭示企业如何用宽广的护城河打造结构性竞争优势、实现长期主义的收益和基业长青的秘密。
- 两条护城河，一里一外，一明一暗，共同筑起企业的结构性竞争优势。外护城河能帮助企业建立起独特的竞争优势，从众多的竞争者中脱颖而出；内护城河能帮助企业有效实现价值获取和保护，持续获取稳定的收益。

《幸福领导力：藏在故事中的管理智慧》

- 52个管理故事+16个思维认知模型＋"一基五柱"幸福领导力结构框架，梳理提高职场幸福感的底层逻辑，探寻活出人生松弛感的管理智慧。
- 彭凯平、赵曙明倾情作序，众多知名专家、学者和企业家联袂推荐。